एआई क्या है?

किशोरों के लिए एक सरल गाइड

वंदना वर्मा

डायमंड बुक्स
www.diamondbooks.in

प्रकाशक : डायमंड पॉकेट बुक्स प्रा.लि.
X-30, ओखला इंडस्ट्रियल एरिया, फेज-2
नई दिल्ली-110020
फोन : 011-40712200
ई-मेल : wecare@diamondbooks.in
वेबसाइट : www.diamondbooks.in
संस्करण : 2025

प्रस्तावना

कृत्रिम बुद्धिमत्ता (आर्टिफिशियल इंटेलिजेंस) की दुनिया में आपका स्वागत है!

इस पुस्तक का जन्म एक साधारण विचार से हुआ है: युवा दिमाग़ों के लिए एआई को आसान, रोमांचक और सशक्त बनाना। कृत्रिम बुद्धिमत्ता एक ऐसा विषय लग सकता है जिसके बारे में केवल वैज्ञानिक और कोडर बात करते हैं, लेकिन सच्चाई यह है कि—आप हर दिन एआई का उपयोग पहले से ही कर रहे हैं!
आपके पसंदीदा यूट्यूब वीडियो से लेकर आपके फोन के फेस अनलॉक फीचर तक, एआई चुपचाप पर्दे के पीछे काम कर रहा है।

लेकिन यह वास्तव में कैसे काम करता है? इसे स्मार्ट क्या बनाता है? क्या आप भी इसे सीख सकते हैं? इसका जवाब है हाँ!
द बिग बुक ऑफ आर्टिफिशियल इंटेलिजेंस एंड इट्स एप्लीकेशन्स एआई को समझने के लिए आपकी मित्रवत मार्गदर्शिका है—यह क्या है, यह कैसे काम करता है, और यह हमारे आस-पास की दुनिया को कैसे बदल रहा है।

यह भारत की राष्ट्रीय शिक्षा नीति (एनईपी) 2020 के दृष्टिकोण और एनसीईआरटी पाठ्यक्रम का पालन करती है ताकि आप जैसे छात्रों को स्मार्ट, सुरक्षित और रचनात्मक डिजिटल नागरिक बनने में मदद मिल सके।

मज़ेदार कहानियों, वास्तविक जीवन के उदाहरणों, सरल स्पष्टीकरणों, गतिविधियों और शानदार उपकरणों के माध्यम से, यह पुस्तक आपको न केवल एआई सीखने में मदद करेगी, बल्कि यह भी सपना देखने में मदद करेगी कि आप इससे क्या बना सकते हैं।

तो, अपनी जिज्ञासा को पकड़ें, अपना दिमाग़ खोलें, और आइए कृत्रिम बुद्धिमत्ता की दुनिया को खोलें—एक साथ!
आइए एक एआई अन्वेषक की तरह सोचना शुरू करें!

— वंदना वर्मा

विषय-सूची

अध्याय 1

आर्टिफिशियल इंटेलिजेंस क्या है?

परिचय

कल्पना कीजिए कि आपका एक ऐसा दोस्त है जो कभी सोता नहीं, कभी भूलता नहीं, और कुछ ही सेकंड में लगभग किसी भी चीज़ का जवाब दे सकता है। वह कोई सुपरहीरो नहीं है—वह आर्टिफिशियल इंटेलिजेंस, या AI है। आपको शायद इसका एहसास न हो, लेकिन AI पहले से ही आपके जीवन का हिस्सा है। यह आपके फोन को आपके चेहरे से अनलॉक करने में मदद करता है, आपके अगले पसंदीदा गाने की सिफारिश करता है, और एलेक्सा और सिरी जैसे वॉयस असिस्टेंट को भी शक्ति प्रदान करता है।

लेकिन AI वास्तव में क्या है? यह कैसे काम करता है? और यह क्यों मायने रखता है? इस अध्याय में, हम इसे 5Ws—क्या (What), क्यों

(Why), कब (When), कहाँ (Where), और कौन (Who)—का उपयोग करके समझाएँगे ताकि आपको AI की मूल बातें सबसे सरल, सबसे रोमांचक तरीके से समझने में मदद मिल सके।

AI क्या है?

आर्टिफिशियल इंटेलिजेंस (AI) कंप्यूटर विज्ञान की एक शाखा है जो मशीनों को सोचने, सीखने और निर्णय लेने में सक्षम बनाती है—ठीक इंसानों की तरह, लेकिन एक प्रोग्राम किए गए तरीके से।1

सरल शब्दों में:

AI = एक मशीन जो डेटा से सीखती है और स्मार्ट निर्णय लेती है।

नियमित प्रोग्रामों के विपरीत जो कठोर निर्देशों का पालन करते हैं, AI सिस्टम अनुभव से सीखकर ख़ुद को बेहतर बना सकते हैं। AI को एक रोबोट को यह सिखाने जैसा समझें कि कैसे सीखना है, न कि केवल यह कि कैसे पालन करना है।

सादृश्य: AI एक पालतू जानवर को प्रशिक्षित करने जैसा है

कल्पना कीजिए कि आपके पास एक पिल्ला है। शुरू में, उसे कुछ भी नहीं पता होता है। लेकिन अगर आप उसे पर्याप्त बार दिखाते हैं कि «बैठो» का मतलब बैठना है, और आप उसे एक ट्रीट से पुरस्कृत करते हैं, तो वह सीख जाता है। AI इसी तरह काम करता है—

इसे चाहिए:

- **इनपुट** (जैसे «बैठो» कहना)
- **डेटा** (पुरस्कार या सुधार)
- **सीखना** (समय के साथ, यह बेहतर होता जाता है)

AI सिस्टम को इसी तरह डेटा का उपयोग करके प्रशिक्षित किया जाता है।

हम AI का उपयोग क्यों करते हैं?

दुनिया जानकारी से भरी है—इतनी ज़्यादा कि इंसान अकेले इसे प्रबंधित नहीं कर सकते। AI हमें इसमें मदद करता है:

• जटिल समस्याओं को हल करना (जैसे बीमारियों काSजल्दी पता लगाना)3

• समय बचाना (जैसे ईमेल जवाबों का सुझाव देना)

• दोहराए जाने वाले कार्य करना (जैसे लाखों तस्वीरों को सॉर्ट करना)

• दुनिया को स्मार्ट बनाना (स्मार्ट घर, स्मार्ट खेती, स्मार्ट असिस्टेंट)

संक्षेप में, हम जीवन को आसान, तेज़ और अधिक बुद्धिमान बनाने के लिए AI का उपयोग करते हैं।

AI कब शुरू हुआ?

आपको लग सकता है कि AI कुछ नया है, लेकिन यह 1950 के दशक से है!

• 1956 – «आर्टिफिशियल इंटेलिजेंस» शब्द का पहली बार यूएसए के डार्टमाउथ कॉलेज में एक सम्मेलन में उपयोग किया गया था।

•80-1960 के दशक – वैज्ञानिकों ने सरल कंप्यूटर प्रोग्राम विकसित किए जो शतरंज खेल सकते थे या गणित हल कर सकते थे।

• 1997 – IBM के AI कंप्यूटर डीप ब्लू ने विश्व शतरंज चैंपियन गैरी कास्पारोव को हराया।

• 2020-2000 के दशक – AI का विस्तार हुआ! बेहतर इंटरनेट, तेज़ कंप्यूटर और अधिक डेटा के साथ, AI हमारे दैनिक जीवन में—फोन, वेबसाइटों, कारों, अस्पतालों और खेतों में—दिखने लगा।

अब, हम AI क्रांति के बीच में हैं, और आप ठीक इसके मध्य में जी रहे हैं!

AI का उपयोग कहाँ होता है?

असली सवाल यह है—AI का उपयोग कहाँ नहीं होता है? यहाँ कुछ ही जगहें हैं जहाँ आपको AI मिलेगा:

क्षेत्र	उदाहरण
फोन	चेहरा अनलॉक, वॉयस असिस्टेंट, ऑटोकरेक्ट
गेम्स	दुश्मन जो आपकी चालें सीखते हैं, स्मार्टर गेम बॉट
ख़रीदारी	अमेज़न पर उत्पाद सिफारिशें
परिवहन	सेल्फ-ड्राइविंग कारें, स्मार्ट ट्रैफिक सिग्नल
स्वास्थ्य सेवा	AI जो एक्स-रे पढ़ता है या बीमारियों की भविष्यवाणी करता है
खेती	ड्रोन जो फसलों की निगरानी करते हैं, स्मार्ट सिंचाई
बैंकिंग	धोखाधड़ी का पता लगाना, चैटबॉट, ऋण अनुमोदन
कला और संगीत	AI जो पेंट करता है या गाने बनाता है
शिक्षा	व्यक्तिगत सीखने वाले एप, स्वचालित ग्रेडिंग

क्या आप जानते हैं?
AI इमेज़ रिकॉग्निशन का उपयोग करके आसपास के वातावरण का वर्णन करके अंधे लोगों को «देखने» में भी मदद कर सकता है!

AI के साथ कौन काम करता है?

AI लोगों द्वारा बनाया गया है—लेकिन केवल कंप्यूटर इंजीनियरों

द्वारा नहीं! इसमें एक टीम लगती है:

- स्मार्ट सिस्टम डिज़ाइन करते हैं
- **डेटा वैज्ञानिक** – डेटा को साफ और विश्लेषण करते हैं
- **सॉफ्टवेयर डेवलपर** – AI-संचालित एप बनाते हैं
- **मनोवैज्ञानिक** – मनुष्य कैसे सोचते हैं इसे समझते हैं (मशीनों को सिखाने के लिए)
- **नैतिकतावादी और वकील** – सुनिश्चित करते हैं कि AI निष्पक्ष और कानूनी हो
- **आप!** – हाँ, स्कूली छात्र भी AI परियोजनाएँ बना रहे हैं!

भारत में, कक्षा 6 के जितने छोटे छात्र भी CBSE और AI4Youth कार्यक्रमों के माध्यम से AI के बारे में सीख रहे हैं।
इसे स्वयं आज़माएँ!

गतिविधि: AI कहाँ है?

उन 5 चीज़ों की सूची बनाएँ जो आपने आज की होंगी जिनमें AI शामिल हो सकता है।

उदाहरण:

- YouTube का उपयोग किया AI वीडियो की सिफारिश करता है
- एक संदेश टाइप किया AI आपकी वर्तनी को स्वतः सही करता है
- एलेक्सा से एक गाना बजाने के लिए कहा
- Google Maps के निर्देश प्राप्त किए
- स्मार्ट बॉट के साथ एक ऑनलाइन गेम खेला

क्या आप और ढूंढ सकते हैं?

सोचें और विचार करें

अगर AI सोच सकता है और सीख सकता है, तो क्या इसमें इंसानों

जैसी भावनाएँ या रचनात्मकता होती है?
अपना उत्तर 5–4 पंक्तियों में लिखें। क्या आपको लगता है कि AI को इंसान की तरह माना जाना चाहिए? क्यों या क्यों नहीं?

करियर कॉर्नर: AI में भविष्य की नौकरियाँ

भविष्य की कुछ बेहतरीन AI-संबंधित नौकरियाँ यहाँ दी गई हैं:

- **AI डेवलपर** – स्मार्ट सॉफ्टवेयर बनाता है
- **डेटा विश्लेषक** – डेटा में पैटर्न ढूंढता है
- **नैतिक AI विशेषज्ञ** – निष्पक्षता और गोपनीयता सुनिश्चित करता है
- **स्वास्थ्य सेवा में AI** – रोगियों का निदान करता है या उपचार की योजना बनाता है
- **क्रिएटिव AI डिज़ाइनर** – AI-जनित कला या संगीत बनाता है
- **AI शिक्षक** – लोगों को AI का सुरक्षित रूप से उपयोग करना सिखाता है

इनमें से कई नौकरियाँ 10 साल पहले मौजूद नहीं थीं। यही नई तकनीक की शक्ति है!

इन्फोग्राफिक सुझाव

शीर्षक: "AI के 5Ws"
एक रंगीन आरेख डिज़ाइन करें जिसमें केंद्र में «AI» से जुड़े 5 वृत्त हों:

- **क्या** – स्मार्ट मशीनें जो सीखती हैं
- **क्यों** – जीवन को आसान बनाने के लिए
- **कब** – 1956 से, अब हर जगह
- **कहाँ** – फोन, गेम, अस्पताल, खेत
- **कौन** – वैज्ञानिक, छात्र, यहाँ तक कि आप

प्रत्येक अवधारणा को एक बच्चे को समझाने वाले आइकन और सरल दृश्यों का उपयोग करें।

गेमर्स कॉर्नर

क्या आपने कभी ध्यान दिया है कि आप जितना अधिक खेलते हैं खेल के पात्र उतने ही स्मार्ट होते जाते हैं?
यह AI है! गेम बॉट आपकी चालों को सीख सकते हैं और रणनीति बदल सकते हैं।
AI यह भी तय करता है कि आपके कौशल के आधार पर एक गेम स्तर कितना मुश्किल होना चाहिए।
अगली बार जब आप एक स्तर को हराते हैं, तो अपने दिमाग़—और गेम के दिमाग़ को भी धन्यवाद दें!

एप लैब

इसे आज़माएँ:
https://teachablemachine.withgoogle.com पर जाएँ

यह एक मुफ़्त AI प्रयोग है जहाँ आप अपना ख़ुद का मॉडल प्रशिक्षित कर सकते हैं जो इसे पहचान सके:

- आपकी आवाज़
- आपका चेहरा
- आपके हावभाव

यह अपना ख़ुद का मिनी AI बनाने जैसा है। किसी कोडिंग की आवश्यकता नहीं है!

सारांश

आइए AI के 5Ws को समेटते हैं:

- **क्या** – AI का मतलब मशीनें हैं जो सीखती हैं, सोचती हैं और निर्णय लेती हैं4
- **क्यों** – समस्याओं को हल करने, समय बचाने और जीवन को बेहतर बनाने के लिए
- **कब** – 1950 के दशक से, अब हमारे रोज़मर्रा की दुनिया का हिस्सा
- **कहाँ** – कक्षाओं से अस्पतालों तक ख़रीदारी स्थलों तक
- **कौन** – वैज्ञानिकों द्वारा बनाया गया, हर कोई उपयोग करता है—आप भी!

अध्याय 2

AI कैसे काम करता है?

परिचय

क्या आपने कभी सोचा है कि AI को आपका पसंदीदा गाना कैसे पता चलता है, या Google Translate लगभग तुरंत हिंदी को अंग्रेजी में कैसे बदल देता है? यह कोई जादू नहीं है—यह गणित, डेटा और सीखना है।

इस अध्याय में, हम पर्दा उठाएंगे और जानेंगे कि आर्टिफिशियल इंटेलिजेंस वास्तव में कैसे काम करता है। चिंता न करें—हम इसे मज़ेदार और सरल रखेंगे, जैसे कि इसे एक जिज्ञासु 12 वर्षीय बच्चे को समझाना (क्योंकि यही इसका उद्देश्य है!)।

हम बात करेंगे:

- **डेटा** क्या है?
- **एल्गोरिदम** क्या हैं?
- **मशीन लर्निंग** क्या है?
- और वे सब AI को स्मार्ट बनाने के लिए एक साथ कैसे काम करते हैं?

डेटा क्या है?

डेटा वह ईंधन है जो AI को शक्ति प्रदान करता है। यह कुछ भी हो सकता है:

- संख्याएँ
- टेक्स्ट
- चित्र
- वीडियो
- ध्वनियाँ

जब आप एक सेल्फी पोस्ट करते हैं, वह डेटा है। जब आप किसी उत्पाद को 5 स्टार रेटिंग देते हैं, वह डेटा है। स्मार्टवॉच से आपकी हृदय गति भी डेटा है।

AI को सीखने के लिए बहुत सारे डेटा की आवश्यकता होती है। जितना अधिक वह देखता है, उतना ही बेहतर होता जाता है।

मज़ेदार सादृश्य: एक बच्चे की तरह सीखना

कल्पना कीजिए कि आप एक बच्चे को सिखा रहे हैं कि «बिल्ली» कैसी दिखती है। आप उन्हें बिल्लियों की कई तस्वीरें दिखाते हैं: प्यारे, मूंछें, नुकीले कान।

जल्द ही वे एक को पहचान सकते हैं—यहां तक कि नए वाले भी!

AI भी इसी तरह सीखता है—कई उदाहरणों को देखकर और पैटर्न

ढूंढकर। यह डेटा से अपनी समझ विकसित करता है।

एल्गोरिदम क्या हैं?

एक एल्गोरिदम किसी समस्या को हल करने के लिए एक चरण-दर-चरण निर्देश है।

मान लीजिए कि आप मैगी बनाना चाहते हैं। आप एक रेसिपी का पालन करते हैं:

- पानी उबालें
- नूडल्स डालें
- मसाला डालें
- पकाएं और हिलाएं

यह आपकी मैगी एल्गोरिदम है!
AI इसी तरह के निर्देशों का उपयोग करता है—लेकिन कंप्यूटर के लिए। ये एल्गोरिदम AI को बताते हैं कि डेटा को कैसे देखना है, पैटर्न की तुलना कैसे करनी है, और निर्णय कैसे लेने हैं।

मशीन लर्निंग क्या है?

अब आता है AI का सुपरहीरो: मशीन लर्निंग (ML)।
ML का अर्थ है मशीनों को डेटा से सीखना सिखाना—बिना सब कुछ बताए।

प्रत्येक नियम को प्रोग्राम करने के बजाय (जैसे «यदि इसके 4 पैर और मूंछें हैं, तो यह एक बिल्ली है»), ML मशीन को उदाहरणों से ख़ुद इसका पता लगाने देता है।
यह कहने जैसा है:
यहाँ बिल्लियों और कुत्तों की 10,000 तस्वीरें हैं। अंतर ख़ुद जानें।

मशीन लर्निंग के तीन मुख्य प्रकार:

प्रकार	यह क्या करता है	उदाहरण
सुपरवाइज्ड लर्निंग	लेबल किए गए डेटा से सीखता है	«यह एक बिल्ली है», «यह एक कुत्ता है»
अनसुपरवाइज्ड लर्निंग	अनलेबल किए गए डेटा में छिपे पैटर्न ढूंढता है	समान लय वाले गानों के समूह
रीइन्फोर्समेंट लर्निंग	परीक्षण और त्रुटि से सीखता है	शतरंज खेलना और जीत/हार से बेहतर होना

वीडियो गेम AI (जैसे बॉट) हर बार जब आप खेलते हैं तो स्मार्ट बनने के लिए रीइन्फोर्समेंट लर्निंग का उपयोग करता है!

AI सिस्टम चरण-दर-चरण कैसे काम करते हैं?

आइए एक सरलीकृत AI वर्कफ़्लो देखें:

- **डेटा एकत्र करें** – उदाहरण इकट्ठा करें (फ़ोटो, टेक्स्ट, ऑडियो)
- **डेटा साफ़ करें** – ग़लतियों, डुप्लिकेट को हटाएँ
- **मॉडल को प्रशिक्षित करें** – डेटा को मशीन लर्निंग एल्गोरिदम में फ़ीड करें
- **मॉडल का परीक्षण करें** – जाँच करें कि उसने कितनी अच्छी तरह सीखा
- **इसे परिनियोजित करें** – एप्स या वेबसाइटों में इसका उपयोग करें
- **समय के साथ सुधार करें** – स्मार्ट बनने के लिए नया डेटा फ़ीड करें

वास्तविक जीवन का उदाहरण: हस्तलेखन को पहचानने वाला AI

एक ऐसे एप की कल्पना करें जो आपके हस्तलेखन को पढ़ता है:

• इसे हज़ारों हस्तलिखित अक्षर दिखाए जाते हैं (डेटा)

• यह स्ट्रोक, वक्र और शैलियों की तुलना करता है (एल्गोरिदम)

• यह सीखता है कि «A» कई तरीकों से कैसा दिखता है (मशीन लर्निंग)

• अब यह आपकी ख़ुद की लिखावट को पढ़ सकता है—भले ही वह गंदी हो!

आप ML का उपयोग कहाँ करते हैं

आपने जाने बिना ही मशीन लर्निंग का उपयोग किया है! उदाहरण:

- **YouTube अनुशंसाएँ** – सीखता है कि आप क्या देखते हैं
- **Instagram फ़िल्टर** – आपके चेहरे को पहचानता है
- **Google Maps** – ट्रैफ़िक पैटर्न सीखता है
- **ऑटो-करेक्ट** – सामान्य टाइपो सीखता है और उन्हें ठीक करता है
- **Spotify** – आपके मूड के आधार पर गानों का सुझाव देता है

यहां तक कि Netflix भी आपके लिए पोस्टर डिज़ाइन करने के लिए ML का उपयोग करता है!

सादृश्य: एक रोबोट को सेब और संतरे में अंतर बताना सिखाना

AI कैसे सोचता है, यह देखने का एक मज़ेदार तरीका यहाँ दिया गया है:

मान लीजिए आप AI को सेब और संतरे के बीच अंतर बताना सिखाना चाहते हैं।

- **डेटा एकत्र करें:** सेब की 1000 तस्वीरें और संतरे की 1000 तस्वीरें लें।

- **मॉडल को प्रशिक्षित करें:** AI को उन्हें दिखाएं और उन्हें लेबल करें।
- **AI पैटर्न ढूंढता है:** सेब लाल, गोल, चिकने होते हैं। संतरे नारंगी और दानेदार होते हैं।
- **परीक्षण करें:** एक नया फल दिखाएं और AI से पूछें: «क्या यह सेब है या संतरा?»
- **AI अपने सीखे हुए के आधार पर उत्तर देता है।**

छवि पहचान AI इसी तरह काम करता है!

क्या AI को स्मार्ट बनाता है?

AI तब स्मार्ट होता है जब उसके पास होता है:

- **अच्छा डेटा** – स्पष्ट, सटीक और विविध
- **शक्तिशाली कंप्यूटर** – तेज़ी से संसाधित करने के लिए
- **फीडबैक** – परीक्षण और स्कोर की तरह
- **मानवीय सहायता** – हम अभी भी AI को बेहतर बनाने के लिए मार्गदर्शन करते हैं

मज़ेदार तथ्य: AI मॉडल को GPU (ग्राफिक्स प्रोसेसर) वाले सुपरकंप्यूटर का उपयोग करके प्रशिक्षित किया जाता है क्योंकि वे गणना में तेज़ होते हैं।

इसे स्वयं आज़माएँ!

गतिविधि: टीचेबल मशीन के साथ एक क्लासिफायर बनाएँ
पर जाएँ: https://teachablemachine.withgoogle.com

- शुरू करें पर क्लिक करें
- छवि परियोजना चुनें
- 2 क्लास बनाएँ (जैसे, खुश चेहरा बनाम उदास चेहरा)
- नमूने रिकॉर्ड करने के लिए अपने वेबकैम का उपयोग करें

- मॉडल को प्रशिक्षित करें
- इसे लाइव आज़माएँ!

अब आपने अपना ख़ुद का AI प्रशिक्षित कर लिया है। किसी कोड की आवश्यकता नहीं है!

सोचें और विचार करें

यदि AI उदाहरणों से सीखता है, तो क्या होगा यदि उदाहरण अनुचित या ग़लत हों?

अपने विचार लिखें। उदाहरण के लिए, यदि आप केवल पुरुषों की तस्वीरें डॉक्टरों के रूप में दिखाते हैं, तो AI सोच सकता है कि केवल पुरुष ही डॉक्टर हो सकते हैं।

AI को निष्पक्ष और संतुलित डेटा खिलाना क्यों महत्वपूर्ण है?

करियर कॉर्नर: वे नौकरियाँ जो समझती हैं AI कैसे काम करता है

यदि आप यह जानना पसंद करते हैं कि चीज़ें पर्दे के पीछे कैसे काम करती हैं, तो यहाँ रोमांचक नौकरियाँ हैं:

- **मशीन लर्निंग इंजीनियर** – AI मॉडल बनाता और प्रशिक्षित करता है
- **डेटा वैज्ञानिक** – डेटा में पैटर्न और अंतर्दृष्टि ढूंढता है
- **एनएलपी इंजीनियर** – आवाज़ और भाषा AI पर काम करता है (जैसे सिरी)
- **AI गेम डेवलपर** – स्मार्ट गेम पात्र बनाता है
- **AI शोधकर्ता** – AI को अधिक बुद्धिमान कैसे बनाया जाए, इसका अध्ययन करता है

इन नौकरियों के लिए जिज्ञासा, तर्क और पहेलियों को हल करने का प्यार चाहिए!

इन्फोग्राफिक सुझाव

शीर्षक: "AI कैसे सीखता है – डेटा से निर्णय तक"
फ्लोचार्ट-शैली की छवि दिखाती है:
डेटा एल्गोरिदम मशीन लर्निंग भविष्यवाणी/निर्णय फीडबैक
प्रत्येक चरण को समय के साथ «सीखने» वाले एक मज़ेदार कार्टून रोबोट के साथ चित्रित किया जा सकता है।

एप लैब

ML को एक्शन में देखना चाहते हैं?

Google क्विकड्रॉ गेम आज़माएँ: https://quickdraw.withgoogle.com
यह आपको चीज़ें बनाने के लिए कहता है, और AI वास्तविक समय में अनुमान लगाता है कि आप क्या बना रहे हैं—लाखों लोगों ने आपके पहले क्या बनाया उसके आधार पर।

गेमर्स कॉर्नर

क्या आप जानते हैं कि गेम में AI आपकी खेलने की शैली सीखता है?
FIFA या Call of Duty जैसे खेलों में, बॉट कर सकते हैं:

- आपके हमले के पैटर्न सीखें
- अपनी रक्षा को समायोजित करें
- आपको धोखा देने की भी कोशिश करें

यह वास्तविक समय का सीखना है—एक स्मार्ट दोस्त के एक बेहतर प्रतिस्पर्धी बनने जैसा!

सारांश

आइए जल्दी से संक्षेप में देखें कि AI कैसे काम करता है:

- **डेटा** कच्चा माल है – जिससे AI सीखता है
- **एल्गोरिदम** निर्देश हैं – यह डेटा को कैसे संसाधित करता है
- **मशीन लर्निंग** तरीका है – AI ख़ुद को कैसे सिखाता है
- **पैटर्न पहचान** महत्वपूर्ण है – AI रुझानों को पहचानता है
- **फीडबैक लूप** इसे स्मार्ट बनाते हैं – जितना अधिक यह सीखता है, उतना ही बेहतर होता जाता है!

अब जब आप जानते हैं कि AI कैसे काम करता है, तो आप अपना ख़ुद का निर्माण करने के एक कदम करीब हैं!

अध्याय 3

दैनिक जीवन में AI

फोन से लेकर गेम तक, ख़रीदारी तक

परिचय

आपको लग सकता है कि आर्टिफिशियल इंटेलिजेंस (AI) कुछ बहुत दूर की चीज़ है—जिसका उपयोग अंतरिक्ष मिशनों या हाई-टेक प्रयोगशालाओं में किया जाता है। लेकिन अनुमान लगाओ क्या?

AI पहले से ही आपके हाथों में, आपके घर में और यहाँ तक कि आपकी कक्षा में भी है।

जिस क्षण आप जागते हैं और अपना फोन चेक करते हैं, उस क्षण से जब आप संगीत सुनते हुए सो जाते हैं, AI चुपचाप पृष्ठभूमि में काम कर रहा होता है, जिससे आपका जीवन सुचारू, तेज़ और कभी-

कभी—अधिक मज़ेदार बन जाता है।
इस अध्याय में, हम जानेंगे कि AI हमारे गैजेट्स, गेम्स, शॉपिंग, मनोरंजन और बहुत कुछ में हमारे रोज़मर्रा के जीवन का हिस्सा कैसे है!

AI के साथ जागें

आइए एक सामान्य दिन में चलते हैं:

- **सुबह का अलार्म** – आपका स्मार्ट अलार्म एप आपके नींद के पैटर्न का अध्ययन करता है और आपको सबसे अच्छे समय पर जगाता है।
- **चेहरा अनलॉक** – आपका फोन AI-संचालित चेहरे की पहचान का उपयोग करके आपके चेहरे को स्कैन करता है।
- **मौसम एप** – AI पूर्वानुमान मॉडल का उपयोग करके आपको आज का पूर्वानुमान दिखाता है।
- **समाचार फ़ीड** – आपके पढ़ने के इतिहास के आधार पर AI द्वारा आपके लिए ही तैयार किया गया।

नाश्ते से पहले ही, AI आपकी चार बार मदद कर चुका है!

संगीत और मनोरंजन में AI

क्या आपने कभी सोचा है कि YouTube को अगला क्या सुझाना है, यह कैसे पता चलता है? या Spotify हमेशा आपके मूड से कैसे मेल खाता है?

वह AI है जो पैटर्न पहचान और सहयोगी फ़िल्टरिंग का उपयोग कर रहा है:

- यह सीखता है कि आपको क्या पसंद है,
- आपके स्वाद की दूसरों से तुलना करता है,
- और ऐसी सामग्री सुझाता है जिसका आप शायद आनंद लेंगे।

AI संगीत एप:

- **Spotify –** AI का उपयोग करके प्लेलिस्ट सुझाता है
- **YouTube –** उन वीडियो को स्वतः चलाता है जिन पर आप क्लिक कर सकते हैं
- **गाना, जियोसावन –** आपकी संगीतमय भाषा सीखते हैं

AI अब एम्पर या साउंडरॉ जैसे टूल का उपयोग करके संगीत भी बनाता है!

गेमर्स कॉर्नर

हाँ, आपके वीडियो गेम AI से भरे हुए हैं!

जैसे खेलों में:

- **FIFA** – विरोधी आपकी रणनीति सीखते हैं
- **कॉल ऑफ़ ड्यूटी** – बॉट कठिनाई को समायोजित करते हैं
- **माइनक्राफ्ट** – मॉब आपकी हरकतों पर प्रतिक्रिया करते हैं
- **शतरंज एप्स** – आपके स्तर के अनुसार अनुकूलन करते हैं

ये गेम **रीइन्फोर्समेंट लर्निंग** का उपयोग करते हैं, जिसका अर्थ है कि AI आपके साथ खेलकर बेहतर होता जाता है!

ऑनलाइन शॉपिंग में AI

जब आप अमेज़न या फ्लिपकार्ट पर जाते हैं, तो आपको शायद ध्यान आएगा:

- **आपके लिए अनुशंसित अनुभाग**
- **स्मार्ट फ़िल्टर (कीमत, आकार, रंग)**
- **वॉयस सर्च («नीले स्नीकर्स ढूंढो»)**
- **चैटबॉट प्रश्नों में मदद करते हैं**

वह ई-कॉमर्स AI है। यह सीखता है कि आप क्या ब्राउज़ करते हैं, कब ख़रीदते हैं, और क्या अनदेखा करते हैं—फिर आपको बेहतर परिणाम प्रदान करता है।

AI का उपयोग इन कामों के लिए भी किया जाता है:

- गोदामों में **इन्वेंट्री का प्रबंधन** करना
- **उत्पाद की मांग की भविष्यवाणी** करना
- **नकली समीक्षाओं का पता लगाना**

वास्तविक जीवन का उदाहरण: स्मार्ट शॉपिंग कार्ट

अमेरिका और भारत में कुछ स्टोर अब AI-संचालित कार्ट का उपयोग करते हैं। **आप कार्ट में आइटम डालते हैं, और यह:**

- उन्हें स्कैन करता है
- कीमतें जोड़ता है
- आपके खाते से शुल्क लेता है—बिना कैशियर के!

यह AI ख़रीदारी को तेज़ और संपर्क-रहित बना रहा है।

कैमरा और फोन में AI
आज के स्मार्टफोन सुपर-स्मार्ट हैं—AI की बदौलत।

AI कैमरा विशेषताएँ:

- **दृश्य पहचान** (सूर्यास्त, भोजन, पालतू जानवर)
- **पोर्ट्रेट मोड** (DSLR की तरह पृष्ठभूमि को धुंधला करता है)
- **मुस्कान और पलक पहचान**
- **ऑटो-एन्हांसमेंट फ़िल्टर**
- **नाइट मोड** जो कम रोशनी वाली तस्वीरों को उज्ज्वल करता है

स्नैपचैट फ़िल्टर और इंस्टाग्राम एआर मास्क भी AI चेहरे की पहचान और गति ट्रैकिंग द्वारा संचालित होते हैं!

कक्षाओं में AI

आपको आश्चर्य हो सकता है—AI पहले से ही स्कूलों में प्रवेश कर रहा है।

शिक्षा में AI:

- **व्यक्तिगत सीखने वाले एप** (जैसे बायजू›ख़ान एकेडमी)
- **क्विज़ का ऑटो-ग्रेडिंग**
- **AI ट्यूटर** जो आपकी गति के अनुकूल होते हैं
- नोट लेने के लिए **स्पीच-टू-टेक्स्ट**
- बहुभाषी कक्षाओं में छात्रों के लिए **अनुवादक**

CBSE का AI पाठ्यक्रम अब कक्षा 6 से AI सिखाता है!
भारत का **युवाओं के लिए** AI कार्यक्रम छात्रों को वास्तविक जीवन की AI परियोजनाएँ बनाने के लिए प्रोत्साहित करता है।

घरों में AI: स्मार्ट जीवन

स्मार्ट घर AI का उपयोग आपके परिवेश को बुद्धिमान बनाने के लिए करते हैं।

उदाहरण:

- **एलेक्सा, सिरी, गूगल असिस्टेंट** – उपकरणों से बात करें!
- **स्मार्ट लाइट्स** – जब आप अंदर चलते हैं तो चालू हो जाती हैं
- **स्मार्ट फ्रिज़** – अंदर रखे भोजन के आधार पर व्यंजनों का सुझाव देते हैं

- **वॉयस कमांड** – मेरी प्लेलिस्ट चलाओ, पंखा बंद करो

AI ऊर्जा बचाने, आराम बढ़ाने और मज़ा जोड़ने में मदद करता है।

सड़कों पर AI

AI शहरों और वाहनों को सुरक्षित और अधिक कुशल बनने में मदद करता है:

- **गूगल मैप्स** – वास्तविक समय के ट्रैफ़िक डेटा का उपयोग करता है
- **सेल्फ-ड्राइविंग कारें** – AI का उपयोग स्टीयर करने, ब्रेक लगाने और पार्क करने के लिए करती हैं
- **स्मार्ट ट्रैफिक लाइटें** – कार के प्रवाह के आधार पर बदलती हैं
- **टोल बूथ** – AI विज़न से लाइसेंस प्लेट स्कैन करते हैं

यहां तक कि आपका ड्राइवर एप (जैसे Uber या Ola) भी मार्गों को खोजने, ड्राइवरों का मिलान करने और किराए का अनुमान लगाने के लिए AI का उपयोग करता है।

इसे स्वयं आज़माएँ!

गतिविधि: «अपने आस-पास AI को पहचानें»

उन 10 AI-संचालित चीज़ों की सूची बनाएँ जिनका आपने आज उपयोग किया।

उदाहरण:

- **गूगल मैप्स**
- **टेक्स्टिंग में ऑटो-करेक्ट**
- **इंस्टाग्राम फ़िल्टर**
- **ख़रीददारी के सुझाव**

- **यूट्यूब ऑटोप्ले**

टिप: अपने परिवार से पूछें—देखें कि वे भी कितने नाम बता सकते हैं!

सोचें और विचार करें

AI हमारे जीवन को और सुविधाजनक बनाता है—लेकिन क्या हम बहुत अधिक निर्भर हो रहे हैं?

क्या आपको लगता है कि AI के कारण लोग कौशल खो रहे हैं? उदाहरण के लिए:

- फोन नंबर याद न रखना
- जीपीएस के बिना नेविगेट न करना
- ऑटोकरेक्ट पर निर्भर रहना

अपने विचार लिखें। क्या यह मददगार है, हानिकारक है, या दोनों का मिश्रण है?

करियर कॉर्नर: नौकरियाँ जो दैनिक जीवन में AI का उपयोग करती हैं

यदि आपको एप, गेम और गैजेट्स पसंद हैं, तो यहाँ ऐसी नौकरियाँ हैं जहाँ AI का दैनिक उपयोग होता है:

- **मोबाइल एप डेवलपर** – स्मार्ट फोन विशेषताएँ बनाता है
- **गेम डिज़ाइनर** – गेम लॉजिक के लिए AI का उपयोग करता है
- **कंप्यूटर विज़न इंजीनियर** – स्मार्ट कैमरे बनाता है
- **चैटबॉट डेवलपर** – ग्राहक सेवा बॉट बनाता है
- **UX डिज़ाइनर** – लोग AI टूल के साथ कैसे इंटरैक्ट करते हैं, इसे डिज़ाइन करता है

ये करियर टेक + रचनात्मकता का मिश्रण हैं—भविष्य के लिए तैयार छात्रों के लिए एक बेहतरीन संयोजन!

इन्फोग्राफिक सुझाव

शीर्षक: «एक दिन में AI»
एक किशोर के दिन की एक दृश्य समयरेखा बनाएँ:

- जागना (AI अलार्म)
- फोन अनलॉक करें (फेस आईडी)
- नाश्ता (स्मार्ट किचन)
- स्कूल (AI ट्यूटर)
- गेमिंग (स्मार्ट बॉट)
- इंस्टाग्राम (AI फ़िल्टर)
- ऑनलाइन शॉपिंग
- नेटफ्लिक्स (AI अनुशंसाएँ)
- स्लीप ट्रैकर एप

AI कहाँ मदद करता है, यह दिखाने के लिए इमोजी, तीर और आइकन का उपयोग करें।

एप लैब

गूगल लेंस आज़माएँ

- अपने फोन पर Google Lens खोलें
- इसे किसी पौधे, किताब या उत्पाद पर इंगित करें
- यह आपको बताता है कि यह क्या है, कहाँ ख़रीदना है, या इसका क्या मतलब है

वह AI-संचालित दृश्य खोज है!

क्या आप जानते हैं?

भारत में मित्र (बैंकों और अस्पतालों में उपयोग किए जाने वाले) जैसे AI-संचालित रोबोट हैं **जो कर सकते हैं:**

- चेहरे पहचानें

- कई भाषाएँ बोलें
- ग्राहकों का मार्गदर्शन करें

मित्र को एक कार्यक्रम में पीएम मोदी और इवांका ट्रम्प से भी मिलवाया गया था!

सारांश

आइए संक्षेप में जानें कि AI आपके दैनिक जीवन का हिस्सा कैसे है:

- **फोन** – फेस आईडी, वॉयस असिस्टेंट, ऑटो-करेक्ट
- **गेम्स** – स्मार्ट बॉट और कठिनाई समायोजन
- **शॉपिंग** – व्यक्तिगत सुझाव और चैटबॉट
- **संगीत/वीडियो** – आपके स्वाद के अनुसार अनुशंसाएँ
- **कक्षाएँ** – स्मार्ट ट्यूटर, क्विज़ और अनुवादक
- **घर** – वॉयस-एक्टिवेटेड डिवाइस और उपकरण
- **यात्रा** – स्मार्ट मैप, रूट प्लानिंग, टोल स्कैनिंग

AI केवल भविष्य में नहीं है। यह पहले से ही यहाँ है—ठीक आपकी जेब में!

अध्याय 4

उद्योगों में AI के अनुप्रयोग

चिकित्सा, शिक्षा, कृषि और बहुत कुछ

परिचय

आर्टिफिशियल इंटेलिजेंस सिर्फ आपके फोन या गेम्स में नहीं है—यह दुनिया के कुछ सबसे महत्वपूर्ण क्षेत्रों को शक्ति प्रदान कर रहा है! डॉक्टरों को बीमारियों का निदान करने में मदद करने से लेकर किसानों को बेहतर फसल उगाने में सहायता करने तक, AI एक परदे के पीछे का नायक बन रहा है।

इस अध्याय में, आइए जानें कि AI का उपयोग विभिन्न क्षेत्रों में कैसे किया जा रहा है—और यह स्वास्थ्य सेवा, शिक्षा, कृषि, बैंकिंग,

पर्यावरण और यहां तक कि सोशल मीडिया में वास्तविक समस्याओं को कैसे हल कर रहा है।

स्वास्थ्य सेवा में AI – बुद्धिमत्ता से जीवन बचाना

AI डॉक्टरों और अस्पतालों के काम करने के तरीके को बदल रहा है।
यह क्या करता है:

- **रोग का पता लगाना:** AI कैंसर, फ्रैक्चर या संक्रमण के शुरुआती लक्षणों को खोजने के लिए एक्स-रे और एमआरआई को स्कैन करता है।
- **भविष्य कहने वाले उपकरण:** AI स्वास्थ्य रिकॉर्ड और मौसम डेटा का विश्लेषण करके बीमारियों के प्रकोप की भविष्यवाणी कर सकता है।
- **रोबोट-सहायता प्राप्त सर्जरी:** AI द्वारा निर्देशित रोबोट सटीकता के साथ सर्जरी कर सकते हैं।1
- **वर्चुअल नर्सें:** मौली जैसे चैटबॉट रोगियों को दवाएं लेने की याद दिलाते हैं।
- **COVID19- सहायता:** AI ने वायरस के प्रसार को ट्रैक किया, वैक्सीन वितरण का प्रबंधन किया, और यहां तक कि आवाज़ विश्लेषण का उपयोग करके लक्षणों की जांच भी की।

भारत का उदाहरण:
निरामई जैसे स्टार्टअप थर्मल स्कैन—गैर-आक्रामक और किफायती—का उपयोग करके स्तन कैंसर का जल्द पता लगाने के लिए AI का उपयोग करते हैं!

शिक्षा में AI – स्मार्टर कक्षाएँ

सीखना सभी के लिए एक जैसा नहीं होता। AI शिक्षा को व्यक्तिगत और इंटरैक्टिव बनाने में मदद करता है।

यह क्या करता है:

- **स्मार्ट ट्यूटर:** बायजू, ख़ान एकेडमी और टॉपर्स जैसे प्लेटफॉर्म छात्रों की गति के अनुसार पाठों को अनुकूलित करने के लिए AI का उपयोग करते हैं।
- **स्वचालित ग्रेडिंग:** AI वस्तुनिष्ठ प्रश्नों और यहां तक कि लघु उत्तरों की भी जांच करता है।
- **वॉयस-टू-टेक्स्ट टूल:** सीखने की अक्षमता वाले छात्रों के लिए मददगार।
- **भाषा अनुवाद:** छात्रों को उनकी मातृभाषा में सीखने में मदद करता है।
- **चेहरे की पहचान के साथ उपस्थिति:** तेज़, संपर्क रहित और सुरक्षित।

भारत का उदाहरण:
CBSE AI पाठ्यक्रम छात्रों को स्क्रैच, पायथन और टीचेबल मशीन का उपयोग करके वास्तविक AI परियोजनाएं बनाना सिखाता है!

कृषि में AI – किसानों को स्मार्ट खेती में मदद करना

खेती अब केवल कड़ी मेहनत के बारे में नहीं है—यह AI के साथ हाई-टेक बन रही है।

यह क्या करता है:

- **फसल की निगरानी :** ड्रोन और AI फसलों में बीमारियों, सूखे या कीटों का पता लगाते हैं।
- **स्मार्ट सिंचाई :** AI किसानों को बताता है कि कब और कितना पानी देना है।
- **मौसम का पूर्वानुमान:** AI बारिश या सूखे की अधिक सटीक भविष्यवाणी करता है।
- **बाज़ार मूल्य भविष्यवाणी:** किसानों को बेचने के सबसे अच्छे समय का निर्धारण करने में मदद करता है।
- **स्वचालित कटाई:** AI-निर्देशित मशीनें फल और सब्ज़ियां चुनती हैं।

भारत का उदाहरण:
कृषि मंत्रालय का किसान AI प्लेटफॉर्म किसानों को आवाज़ AI के माध्यम से क्षेत्रीय भाषाओं में सलाह प्राप्त करने में मदद करता है।

शासन में AI – स्मार्टर सार्वजनिक सेवाएँ

दुनिया भर की सरकारें सेवाओं को तेज़ और निष्पक्ष बनाने के लिए AI का उपयोग कर रही हैं।

यह क्या करता है:

- **यातायात प्रबंधन:** AI वास्तविक समय की भीड़ के आधार पर ट्रैफिक लाइट को नियंत्रित करता है।
- **शिकायत निवारण:** AI सार्वजनिक शिकायतों को छांटता है और उन्हें सही विभागों में भेजता है।
- **डिजिटल पहचान:** चेहरे और फिंगरप्रिंट पहचान (जैसे आधार) प्रमाणीकरण के लिए AI का उपयोग करते हैं।
- **अपराध भविष्यवाणी:** AI उच्च-अपराध क्षेत्रों की भविष्यवाणी

करने के लिए पैटर्न का विश्लेषण करने में मदद करता है।

- **न्यायिक सहायता:** AI उपकरण न्यायाधीशों को समान पिछले मामलों की तेज़ी से समीक्षा करने में मदद करते हैं।

भारत का उदाहरण:
डिजिटल इंडिया मिशन में AI चैट सहायकों द्वारा संचालित ई-कोर्ट और MyGov जैसे प्रोजेक्ट शामिल हैं।

बैंकिंग और वित्त में AI – सुरक्षित, स्मार्टर पैसा

वित्त में AI आपके पैसे को सुरक्षित रखने—और आपके अनुभव को सुचारू बनाने में मदद करता है।

यह क्या करता है:

- **धोखाधड़ी का पता लगाना:** AI असामान्य लेनदेन का पता लगाता है और घोटालों को रोकता है।
- **चैटबॉट:** ग्राहकों के प्रश्नों का तुरंत उत्तर देते हैं (जैसे HDFC का «एवा»)।
- **ऋण अनुमोदन:** AI क्रेडिट स्कोर और पुनर्भुगतान इतिहास का मूल्यांकन करके निष्पक्ष अनुमोदन देता है।
- **रोबो-सलाहकार:** आपके लक्ष्यों के आधार पर निवेश करने की जगह सुझाते हैं।
- **एटीएम सुरक्षा:** कुछ एटीएम अब AI चेहरे की पहचान का उपयोग करते हैं।

भारत का उदाहरण:
ICICI बैंक का AI चैटबॉट iPal हर महीने 1 मिलियन से अधिक ग्राहक प्रश्नों को संभालता है—बिना मानवीय सहायता के!

परिवहन में AI – भविष्य को आगे बढ़ाना

राइड एप से लेकर सेल्फ-ड्राइविंग कारों तक, AI हमारे चलने के तरीके को बदल रहा है।

यह क्या करता है:

- **सेल्फ-ड्राइविंग कारें:** स्टीयर करने, ब्रेक लगाने और पार्क करने के लिए सेंसर और AI का उपयोग करती हैं।
- **फ्लीट ट्रैकिंग:** AI डिलीवरी कंपनियों को बताता है कि ट्रक कहां हैं और सबसे अच्छे मार्ग क्या हैं।
- **भविष्य कहने वाला रखरखाव:** AI अलर्ट करता है कि क्या वाहन को जल्द ही मरम्मत की आवश्यकता है।
- **स्मार्ट टिकटिंग:** मेट्रो या बस प्रवेश के लिए चेहरे की पहचान।

भारत का उदाहरण:
बेंगलुरु मेट्रो संपर्क रहित यात्रा के लिए AI-आधारित भीड़ नियंत्रण और चेहरे-प्रवेश प्रणालियों का परीक्षण कर रही है।

पर्यावरण में AI – ग्रह को बचाना

AI हमें पर्यावरणीय परिवर्तनों की निगरानी, विश्लेषण और प्रतिक्रिया करके पृथ्वी की रक्षा करने में मदद करता है।

यह क्या करता है:

- **प्रदूषण ट्रैकिंग:** AI शहरों में हवा की गुणवत्ता का अध्ययन करता है और लोगों को सचेत करता है।
- **वन्यजीव संरक्षण:** AI कैमरे शिकारियों और लुप्तप्राय जानवरों का पता लगाते हैं।

- **जंगल की आग की भविष्यवाणी:** AI गर्मी और सूखे का विश्लेषण करके जल्दी चेतावनी देता है।
- **अपशिष्ट प्रबंधन:** AI रोबोट कचरे को पुनर्चक्रण योग्य और खाद में छांटते हैं।
- **जल सफाई:** AI रोबोट नदियों से प्लास्टिक का पता लगाने और हटाने में मदद करते हैं।

भारत का उदाहरण:
AI उपकरण गंगा वॉच सेंसर और भविष्य कहने वाले विश्लेषण का उपयोग करके गंगा नदी में पानी की गुणवत्ता की निगरानी करता है।

सोशल मीडिया में AI – स्क्रॉल के पीछे

सोशल मीडिया एप आपके विचार से अधिक AI का उपयोग करते हैं।

यह क्या करता है:
- **फ़ीड वैयक्तिकरण:** आपके व्यवहार के आधार पर आपको पोस्ट दिखाता है।
- **हैशटैग सुझाव:** रुझानों और सामग्री के आधार पर।
- **टिप्पणी मॉडरेशन:** अपमानजनक या हानिकारक सामग्री को ब्लॉक करता है।
- **चेहरा टैगिंग:** AI तस्वीरों में लोगों को पहचानता है।
- **विज्ञापन लक्ष्यीकरण:** आप अपनी रुचियों से मेल खाने वाले विज्ञापन देखते हैं।

सावधानी: सोशल मीडिया AI इको चेंबर भी बना सकता है—आपको केवल वही दिखाता है जिससे आप सहमत हैं।

कला, डिज़ाइन और रचनात्मकता में AI

हाँ, AI पेंट भी कर सकता है, कविताएँ लिख सकता है और संगीत भी बना सकता है!

यह क्या करता है:

- **AI कला उपकरण:** DALL•E और Canva का AI मूल चित्र बनाता है।
- **संगीत जनरेटर:** AI सेकंडों में धुनें बनाता है।
- **लेखन सहायक:** AI कहानियों का मसौदा तैयार करने या व्याकरण को ठीक करने में मदद करता है।
- **फैशन डिज़ाइन:** AI रुझानों की भविष्यवाणी करता है और शैलियों का सुझाव देता है।
- **इंटीरियर प्लानिंग:** कमरे के लेआउट और फर्नीचर प्लेसमेंट का सुझाव देता है।

भारत का उदाहरण:
भारतीय कलाकार दीर्घाओं के लिए आधुनिक डिजिटल कलाकृति बनाने के लिए GANs (जेनरेटिव एडवरसैरियल नेटवर्क्स) का उपयोग कर रहे हैं।

इसे स्वयं आज़माएँ!

गतिविधि: AI को उद्योग से मिलाएं~
निम्नलिखित उद्योगों को AI उपकरण से मिलाएं:

उद्योग	AI उपकरण
स्वास्थ्य सेवा	a) बैंकों के लिए चैटबॉट

शिक्षा	b) फसल रोग डिटेक्टर
कृषि	c) व्यक्तिगत ट्यूटर
बैंकिंग	d) स्तन कैंसर स्कैनर

उत्तर:
स्वास्थ्य सेवा d
शिक्षा c
कृषि b
बैंकिंग a
अब अपने ख़ुद के उदाहरण बनाने का प्रयास करें!

सोचें और विचार करें

यदि AI का हर जगह उपयोग किया जाता है, तो क्या होगा यदि यह ग़लती करता है?

चिकित्सा AI द्वारा ग़लत निदान या अपराध-भविष्यवाणी सॉफ्टवेयर द्वारा झूठे आरोप की कल्पना करें।

- ज़िम्मेदारी कौन लेगा?
- क्या अंतिम निर्णयों में हमेशा मनुष्य शामिल होने चाहिए?

अपने विचार लिखें। AI शक्तिशाली है—लेकिन क्या इसे हमेशा भरोसा किया जाना चाहिए?

करियर कॉर्नर: उद्योग AI में नौकरियाँ

यदि आप वास्तविक दुनिया की समस्याओं के बारे में उत्सुक हैं और उन्हें तकनीक से हल करना पसंद करते हैं, तो यहां करियर विकल्प दिए गए हैं:

- **स्वास्थ्य सेवा में AI** – मेडिकल AI डेवलपर, स्वास्थ्य डेटा विश्लेषक
- **शिक्षा में AI** – एडटेक AI इंजीनियर, लर्निंग एप डिज़ाइनर
- **एग्रीटेक विशेषज्ञ** – ड्रोन-AI डेवलपर, प्रेसिजन फार्मिंग विश्लेषक
- **वित्त AI विश्लेषक** – जोखिम भविष्यवाणी विशेषज्ञ, रोबो-निवेश डिज़ाइनर
- **शहरी योजनाकार** – यातायात, प्रदूषण और सुरक्षा मॉडल के लिए AI का उपयोग करता है

ये करियर AI कौशल + वास्तविक दुनिया के प्रभाव को जोड़ते हैं!

इन्फोग्राफिक सुझाव

शीर्षक: उद्योगों में AI एक पहिया या पाई चार्ट बनाएँ जिसमें प्रत्येक खंड का प्रतिनिधित्व हो:

- स्वास्थ्य सेवा
- शिक्षा
- कृषि
- वित्त
- परिवहन
- पर्यावरण
- कला
- सोशल मीडिया

प्रत्येक खंड में 3-2 आइकन और उदाहरण दिखाने चाहिए, जिसमें एक केंद्रीय लेबल हो: «AI हर जगह है!»

सारांश

यहां हमने AI अनुप्रयोगों के बारे में सीखा है:

- **स्वास्थ्य सेवा** – निदान, रोबोट, भविष्यवाणियां3
- **शिक्षा** – स्मार्ट ट्यूटर, अनुवाद, ग्रेडिंग
- **कृषि** – ड्रोन, सिंचाई, मौसम AI
- **वित्त** – चैटबॉट, धोखाधड़ी अलर्ट, स्मार्ट ऋण
- **परिवहन** – सेल्फ-ड्राइविंग कारें, जीपीएस, टिकटिंग
- **पर्यावरण** – प्रदूषण नियंत्रण, आग अलर्ट, कचरा छंटाई
- **सोशल मीडिया** – व्यक्तिगत फ़ीड, सामग्री मॉडरेशन
- **रचनात्मकता** – AI कला, संगीत, लेखन उपकरण

AI डिजिटल युग में बिजली की तरह है—हमारे चारों ओर सब कुछ शक्ति प्रदान कर रहा है!

अध्याय 5

AI सीखना कैसे शुरू करें (भले ही आप किशोर हों)

परिचय

आपने सीख लिया है कि AI क्या है, यह कैसे काम करता है और वास्तविक जीवन में इसका उपयोग कैसे किया जाता है। अब सबसे रोमांचक हिस्सा आता है—आप भी इसे सीख सकते हैं!

हाँ, भले ही आप कक्षा 6 या 12 में हों। आपको जीनियस होने या जटिल गणित जानने की आवश्यकता नहीं है। आपको बस जिज्ञासा, रचनात्मकता और थोड़े से मार्गदर्शन की आवश्यकता है।

यह अध्याय आपकी AI सीखने की यात्रा शुरू करने के लिए आपका चरण-दर-चरण मार्गदर्शिका है—मुफ़्त टूल, शुरुआती-अनुकूल प्लेटफ़ॉर्म, मज़ेदार गतिविधियाँ और सरल कोड के साथ।

चरण 1: मूल बातें समझें

AI बनाने से पहले, आपको यह समझना चाहिए कि यह क्या करता है:

- पैटर्न पहचानना (जैसे बिल्लियाँ बनाम कुत्ते)
- निर्णय लेना (जैसे चैटबॉट का जवाब देना)
- परिणामों की भविष्यवाणी करना (जैसे आपको कौन सी फिल्म पसंद आएगी)
- डेटा से सीखना (जैसे आप वीडियो गेम में कैसे बेहतर होते हैं)

इनसे शुरू करें:

- सीबीएसई AI पाठ्यक्रम YouTube
- गूगल AI फॉर यूथ इंडिया
- एमआईटी स्क्रैच AI सीरीज़

प्रो टिप: हर दिन एक नया AI शब्द लिखें और उसे अपने शब्दों में समझाएँ।

चरण 2: शुरुआती टूल का अन्वेषण करें – कोडिंग की आवश्यकता नहीं!

शुरुआती लोगों के लिए कई AI टूल हैं जिनके लिए शून्य प्रोग्रामिंग की आवश्यकता होती है।

इन्हें आज़माएँ:

1. गूगल टीचेबल मशीन
वेबसाइट: https://teachablemachine.withgoogle.com
यह क्या करता है: आपके कंप्यूटर को छवियों, ध्वनियों या मुद्राओं को पहचानने के लिए प्रशिक्षित करता है।

उदाहरण: अपने वेबकैम का उपयोग करके अपने खुश बनाम गुस्से वाले चेहरे को पहचानने के लिए इसे बनाएँ।

2. क्विकड्रॉ बाय गूगल
वेबसाइट: https://quickdraw.withgoogle.com
यह क्या करता है: आप कुछ बनाते हैं, और AI वास्तविक समय में इसका अनुमान लगाता है।

3. मशीन लर्निंग फॉर किड्स
वेबसाइट: https://machinelearningforkids.co.uk

यह क्या करता है: आपको सरल AI को प्रशिक्षित करने और गेम बनाने के लिए इसे स्क्रैच से जोड़ने देता है।

चरण 3: ब्लॉक-आधारित कोडिंग सीखें (यदि आप कोड के लिए नए हैं)

यदि आप अभी शुरुआत कर रहे हैं, तो ड्रैग-एंड-ड्रॉप कोडिंग के लिए जाएँ। यह मज़ेदार और दृश्यमान है।
इससे शुरू करें:

- **स्क्रैच (scratch.mit.edu) –** एनिमेशन, कहानियाँ और गेम बनाएँ
- **Code.org –** तर्क, लूप और मज़ेदार गेम सीखें

- **एमआईटी एप इन्वेंटर** – कोड टाइप किए बिना अपने ख़ुद के एप बनाएँ

उदाहरण परियोजना: स्क्रैच में एक बात करने वाला चैटबॉट बनाएँ जो उपयोगकर्ता द्वारा टाइप किए गए के आधार पर प्रतिक्रिया देता है।

गेमर्स कॉर्नर:

स्क्रैच + ML के साथ अपना ख़ुद का AI-संचालित रॉक-पेपर-सिज़र्स गेम बनाएँ।

चरण 4: वास्तविक कोड पर जाएँ (वैकल्पिक, जिज्ञासु किशोरों के लिए)

यदि आप कक्षा 12-8 में हैं और टेक्स्ट-आधारित प्रोग्रामिंग का प्रयास करने के लिए तैयार हैं, तो पायथन से शुरू करें—AI के लिए सबसे लोकप्रिय भाषा।

कहाँ से शुरू करें:

- **गूगल कोलाब नोटबुक** – ब्राउज़र में मुफ़्त कोडिंग
- **कागल डेटासेट** – छोटे AI प्रोजेक्ट आज़माएँ
- **W3Schools पायथन ट्यूटोरियल** – पायथन की मूल बातें सीखें
- **AI4ALL इंडिया** – भारतीय युवाओं पर केंद्रित मुफ़्त पाठ्यक्रम

पहले मूल बातें सीखें:

- वैरिएबल
- इफ-एल्स शर्तें
- लूप

- फंक्शन
- ऐरे (लिस्ट)

एक बार सहज होने के बाद, बाद में टेन्सरफ्लो या साइकिट-लर्न जैसी लाइब्रेरी आज़माएँ।

इसे स्वयं आज़माएँ!

गतिविधि: अपना पहला AI मॉडल बनाएँ

- पर जाएँ: https://teachablemachine.withgoogle.com
- «इमेज़ प्रोजेक्ट» चुनें
- 2 क्लास रिकॉर्ड करें:
  - क्लास 1: आप मुस्कुराते हुए
  - क्लास 2: आप उदास चेहरा बनाते हुए
- मॉडल को प्रशिक्षित करें
- वेबकैम का उपयोग करके इसे लाइव टेस्ट करें

बधाई हो—आपने अभी एक AI मॉडल बनाया है जो भावनाओं को पहचानता है!

AI सीखने का रोडमैप (ग्रेड-वार मार्गदर्शिका)

ग्रेड स्तर	टूल	कौशल फोकस
7–6	स्क्रैच, टीचेबल मशीन	तर्क, रचनात्मकता, बुनियादी AI विचार
9–8	एमआईटी एप इन्वेंटर, Code.org	चैटबॉट, वॉयस कमांड, एप डिज़ाइन
12–10	पायथन, गूगल कोलाब, कागल	वास्तविक AI कोडिंग, डेटासेट, मॉडल बनाना

टिप: अपनी पढ़ाई को सामाजिक बनाएँ! स्कूल में AI क्लब में शामिल हों या एक कोडिंग समूह बनाएँ।

एप लैब

शिक्षार्थियों के लिए बने इन AI-अनुकूल एप्स को आज़माएँ:

- **AI डंजियन** – AI के साथ कहानियाँ बनाएँ
- **कैनवा AI** – पोस्टर बनाने के लिए मैजिक डिज़ाइन का उपयोग करें
- **रेप्लिका** – एक AI बॉट के साथ चैट करें
- **स्पीचिफाई** – सीखने के लिए टेक्स्ट-टू-स्पीच

उनका उपयोग करें, अन्वेषण करें कि वे कैसे काम करते हैं—और पर्दे के पीछे के AI का अनुमान लगाने का प्रयास करें!

सोचें और विचार करें

यदि हर कोई AI बना सकता है, तो आपको किस तरह की परियोजनाएँ बनानी चाहिए?
क्या AI का उपयोग केवल मनोरंजन के लिए किया जाना चाहिए? या वास्तविक समस्याओं को हल करने के लिए भी—जैसे अंधों की मदद करना, यातायात में सुधार करना, या पानी बचाना?
अपने स्कूल, शहर या परिवार की मदद कर सकने वाले 2 AI परियोजना विचारों को लिखें।

करियर कॉर्नर:
AI पेशेवर बनने के लिए पहले कदम

भले ही आप शुरुआती हों, आप पहले से ही रास्ते पर हैं। छात्रों के लिए शुरुआती भूमिकाएँ यहाँ दी गई हैं:

- **छात्र इनोवेटर** – स्कूल या विज्ञान मेलों के लिए AI परियोजनाएँ बनाएँ
- **जूनियर कोडर** – AI टूल के साथ अपने शिक्षक या बड़े भाई-बहन की मदद करें
- **AI यूट्यूबर** – AI ट्रिक्स सिखाने वाले मज़ेदार वीडियो बनाएँ
- **AI कहानीकार** – किताबें और कॉमिक्स लिखने के लिए चैटजीपीटी जैसे टूल का उपयोग करें
- **AI एथिक्स एंबेसडर** – सुरक्षित और निष्पक्ष AI के बारे में जागरूकता फैलाएँ

बोनस: इंटेल AI4Youth, सीबीएसई ATL मैराथन, और स्मार्ट इंडिया हैकाथॉन जैसी राष्ट्रीय प्रतियोगिताओं में भाग लें।

इन्फोग्राफिक सुझाव

शीर्षक: AI सीखना कैसे शुरू करें – एक किशोर का रोडमैप एक फ्लोचार्ट बनाएँ जिसमें शामिल हो:

- जिज्ञासा
- मज़ेदार टूल का उपयोग करें (टीचेबल मशीन, स्क्रैच)
- मिनी-प्रोजेक्ट आज़माएँ
- कोडिंग सीखें (पायथन)
- प्रतियोगिताओं में शामिल हों

- वास्तविक दुनिया के AI विचार बनाएँ

प्रत्येक चरण के लिए तीर, इमोजी और आइकन का उपयोग करें।

क्या आप जानते हैं?

भारत में सबसे कम उम्र के AI डेवलपर, तन्मय बख्शी, ने 5 साल की उम्र में कोडिंग शुरू की और 12 साल की उम्र में अपनी पहली AI परियोजना बनाई। अब वह IBM जैसी कंपनियों की मदद कर रहे हैं!

सारांश

आइए संक्षेप में जानें कि आप AI सीखना कैसे शुरू कर सकते हैं:

- जिज्ञासा और सरल टूल (जैसे टीचेबल मशीन) से शुरुआत करें
- गेम या चैटबॉट बनाने के लिए ब्लॉक-आधारित प्लेटफॉर्म (स्क्रैच, एप इन्वेंटर) का उपयोग करें
- जब वास्तविक AI मॉडल बनाने के लिए तैयार हों तो पायथन पर जाएँ
- आगे बढ़ने के लिए प्रतियोगिताओं और समुदायों में शामिल हों
- खोज करते रहें—क्योंकि AI एक यात्रा है, कोई गंतव्य नहीं!

आपको सब कुछ जानने की आवश्यकता नहीं है। बस शुरू करें। प्रश्न पूछें। कुछ नया आज़माएँ। यही AI का असली जादू है।

अध्याय 6

AI बनाम मानव बुद्धिमत्ता

मिथक और सत्य

परिचय

क्या AI इंसान की तरह सोच सकता है? क्या रोबोट शिक्षकों या डॉक्टरों की जगह ले लेंगे? क्या AI हमसे ज़्यादा स्मार्ट हो जाएगा?

ये आर्टिफिशियल इंटेलिजेंस के बारे में आम सवाल—और कभी-कभी डर—हैं। लेकिन सच यह है कि AI शक्तिशाली होने के बावजूद, यह मानव बुद्धिमत्ता से बहुत अलग है।

इस अध्याय में, हम तथ्यों को कल्पना से अलग करेंगे, कुछ लोकप्रिय मिथकों को तोड़ेंगे, और समझेंगे कि AI क्या कर सकता है और क्या नहीं कर सकता है।

आइए मशीन बनाम मन की दुनिया में गोता लगाएँ!

मानव बुद्धिमत्ता क्या है?

मानव बुद्धिमत्ता की क्षमता है:

- अनुभव से सीखना
- रचनात्मक और भावनात्मक रूप से सोचना
- नई समस्याओं को हल करना
- संदर्भ और अर्थ को समझना
- सहानुभूति, मूल्यों और कल्पना को दिखाना

आप केवल नियमों का पालन नहीं करते—आप अपनी भावनाओं, यादों, नैतिकता और यहां तक कि अपनी सहज बुद्धि का उपयोग करके निर्णय लेते हैं!

उदाहरण:
जब आप देखते हैं कि आपका दोस्त उदास है, तो आप शायद कुछ भी तार्किक नहीं कहेंगे—आप उसे गले लगाएंगे। वह मानवीय संबंध है। AI इसे महसूस नहीं कर सकता।

आर्टिफिशियल इंटेलिजेंस क्या है?

AI मनुष्यों द्वारा बनाया गया है ताकि:

- पैटर्न को **पहचाना** जा सके
- बड़ी मात्रा में डेटा को **संसाधित** किया जा सके
- विशिष्ट कार्यों को **निष्पादित** किया जा सके
- डेटा के माध्यम से **सीखा** जा सके (भावनाओं से नहीं)
- पिछले इनपुट के आधार पर परिणामों की भविष्यवाणी की जा सके

AI इंसान की तरह «सोचता» नहीं है। यह बुद्धिमत्ता का अनुकरण करता है—लेकिन समझता या महसूस नहीं करता।
यह एक उपकरण है, कोई प्राणी नहीं।

AI बनाम मानव मस्तिष्क: मुख्य अंतर

विशेषता	मानव मस्तिष्क	AI
सीखना	अनुभव और भावनाओं से	केवल डेटा से
रचनात्मकता	कल्पना, कला, नवाचार	पैटर्न का अनुकरण
भावना	प्यार, उदासी, सहानुभूति महसूस करता है	कोई भावना नहीं
सामान्य सोच	नई समस्याओं को हल करता है	प्रत्येक कार्य के लिए प्रशिक्षण की आवश्यकता
निर्णय लेना	नैतिक, नैतिक, स्थितिजन्य	तर्क या डेटा पर आधारित
ऊर्जा	20 वाट (कुशल)	शक्तिशाली कंप्यूटरों की आवश्यकता
लचीलापन	कार्यों को आसानी से बदल सकता है	एक समय में एक कार्य तक सीमित

मिथक बस्टर जोन

मिथक 1: AI इंसानों की तरह सोच सकता है।
सत्य:
AI इंसानों की तरह बात करने या व्यवहार करने का अनुकरण कर सकता है, लेकिन यह भावनाओं, संदर्भ या नैतिकता को नहीं

समझता। उदाहरण के लिए, एक चैटबॉट «मुझे खेद है» कह सकता है, लेकिन उसे खेद महसूस नहीं होता।

मिथक 2: AI दुनिया पर कब्ज़ा कर लेगा।

सत्य:

AI के कोई लक्ष्य या महत्वाकांक्षा नहीं होती। यह शासन नहीं करना चाहता। यह मनुष्यों द्वारा उपयोग किया जाने वाला एक उपकरण है। असली ख़तरा AI नहीं है—बल्कि इंसान इसका उपयोग कैसे करते हैं। ज़िम्मेदारी मायने रखती है!

मिथक 3: रोबोट सभी नौकरियों की जगह ले लेंगे।

सत्य:

हाँ, कुछ नियमित नौकरियाँ बदल जाएंगी। लेकिन नई नौकरियाँ भी बनाई जा रही हैं—जैसे AI एथिक्स ऑफिसर, AI ट्रेनर, डेटा क्यूरेटर, आदि। मानवीय रचनात्मकता, नेतृत्व और भावनात्मक बुद्धिमत्ता अभी भी अपूरणीय हैं।

मिथक 4: AI हमेशा सटीक होता है।

सत्य:

AI ग़लतियाँ कर सकता है—ख़ासकर यदि इसे ख़राब या पक्षपाती डेटा के साथ प्रशिक्षित किया गया हो। इसलिए मानवीय पर्यवेक्षण अभी भी महत्वपूर्ण है।

वास्तविक जीवन का उदाहरण: शतरंज चैंपियन बनाम AI

1997 में, IBM के AI सिस्टम डीप ब्लू ने विश्व शतरंज चैंपियन गैरी कास्पारोव को हराया। AI प्रति सेकंड लाखों चालें गिन सकता था—लेकिन कास्पारोव ने सहज ज्ञान और अनुभव का उपयोग किया।

आज भी, मनुष्य और AI मिलकर सबसे अच्छा काम करते हैं:
मानव + AI = महाशक्ति!

क्या AI रचनात्मक हो सकता है?

हाँ... और नहीं।
AI उपकरण जैसे:

- **DALL•E** – टेक्स्ट से चित्र बनाता है1
- **ChatGPT** – कविताएँ या स्क्रिप्ट लिखता है
- **जूकबॉक्स AI** – सेकंडों में संगीत बनाता है

वे रचनात्मक लगते हैं—लेकिन वे वास्तव में वही जोड़ रहे हैं जो उन्होंने पहले देखा है। वे कला को «महसूस» नहीं करते या कुछ भी नहीं से नए विचारों का «आविष्कार» नहीं करते।
मनुष्य भावनाओं से सृजन करते हैं। AI डेटा से सृजन करता है।

जब AI मनुष्यों का अनुकरण करता है...

कभी-कभी AI मानवीय लगता है:

- **वॉयस असिस्टेंट** हमारी तरह बात करते हैं
- **चैटबॉट** हमारी तरह जवाब देते हैं
- **वर्चुअल इन्फ्लुएंसर** इंस्टाग्राम पर मौजूद हैं

लेकिन यह सिर्फ नकल है, बुद्धिमत्ता नहीं।
सिर्फ इसलिए कि यह वास्तविक दिखता है, इसका मतलब यह नहीं है कि यह समझता है।

उदाहरण: एक बात करने वाला तोता शब्दों की नकल करता है, लेकिन उसे «आई लव यू» का मतलब नहीं पता होता।

क्या आप जानते हैं?

AI ने एक बार एक प्रमुख समाचार पत्र के लिए एक लेख लिखा था जिसमें कहा गया था कि «मैं शांति से आता हूं» ताकि पाठकों को यह विश्वास दिलाया जा सके कि उसे मनुष्यों को नुकसान पहुँचाने की कोई इच्छा नहीं है। यह वास्तविक लग रहा था—लेकिन पूरी तरह से पैटर्न का उपयोग करके उत्पन्न किया गया था।

सोचें और विचार करें

यदि AI मनुष्यों की तरह दुनिया को महसूस या समझ नहीं सकता है, तो क्या उसे कभी महत्वपूर्ण निर्णय लेने चाहिए—जैसे लोगों को नियुक्त करना या अदालती मामलों का न्याय करना?
क्या मनुष्यों को हमेशा अंतिम बात कहनी चाहिए?
अपना विचार लिखें। निष्पक्षता, पूर्वाग्रह और भावना के बारे में सोचें।

इसे स्वयं आज़माएँ!

गतिविधि: मानव या AI?
ऑनलाइन 3 सामग्री खोजें—एक पेंटिंग, एक कविता और एक गीत। क्या आप अनुमान लगा सकते हैं कि प्रत्येक को मानव द्वारा बनाया गया था या AI द्वारा?
संकेत: creations का अन्वेषण करने के लिए This Person Does Not Exist, DALL•E, या AI आर्ट एप जैसे टूल का उपयोग करें।
फिर पूछें: क्या निर्माता को जानने से आपके इसके बारे में महसूस करने का तरीका बदल जाता है?

नैतिकता मायने रखती है: कौन ज़िम्मेदार है?

यदि कोई AI सिस्टम ग़लती करता है (जैसे, ग़लत व्यक्ति को गिरफ्तार करता है), तो किसे दोषी ठहराया जाना चाहिए?

- जिस कंपनी ने इसे बनाया?
- जिस व्यक्ति ने इसका उपयोग किया?
- जिस कोडर ने इसे प्रशिक्षित किया?

ये वास्तविक प्रश्न हैं जिन पर दुनिया भर में बहस चल रही है।

इसलिए AI को नैतिक नियमों की आवश्यकता है—ठीक वैसे ही जैसे हमारे पास कानून हैं।

करियर कॉर्नर: मानव-AI चौराहे पर नौकरियाँ

टेक और लोगों दोनों को प्यार करते हैं? ये भविष्य की भूमिकाएँ आपके लिए हैं:

- **AI एथिक्स ऑफिसर** – निष्पक्षता और सुरक्षा सुनिश्चित करता है
- **AI शिक्षक** – दूसरों को AI समझने में मदद करता है
- **कॉग्निटिव साइंटिस्ट** – मानव बनाम मशीन सीखने का अध्ययन करता है
- **मानव-AI इंटरेक्शन डिज़ाइनर** – ऐसे AI का निर्माण करता है जो लोगों के साथ अच्छी तरह से काम करता है
- **AI पॉलिसी मेकर** – AI उपयोग के लिए कानून बनाता है

सबसे अच्छा AI भविष्य केवल कोडिंग के बारे में नहीं है—बल्कि इसकी देखभाल, प्रश्न पूछने और मार्गदर्शन करने के बारे में है।

इन्फोग्राफिक सुझाव

शीर्षक: AI बनाम मानव बुद्धिमत्ता – क्या अंतर है?
दो अगल-बगल के कॉलम डिज़ाइन करें:

- मनुष्यों के लिए **मस्तिष्क आइकन**
- AI के लिए **रोबोट सिर आइकन**

प्रत्येक के तहत, विशेषताएँ सूचीबद्ध करें:

- भावनाओं को महसूस करता है बनाम कोई भावना नहीं
- सामान्य विचारक बनाम विशिष्ट कार्य
- रचनात्मक रूप से सीखता है बनाम डेटा से
- नैतिक विकल्प बनाता है बनाम केवल तर्क

दृश्य स्पष्टता के लिए रंग कोडिंग और इमोजी का उपयोग करें।

एप लैब

रेप्लिका AI (एक चैटबॉट दोस्त) आज़माएँ।
इससे 5 मिनट तक चैट करें और नोट करें:

- क्या यह वास्तविक लगता है?
- क्या यह आपकी भावनाओं को समझता है?

फिर इसकी तुलना अपने वास्तविक दोस्त या भाई-बहन के साथ चैट से करें। क्या अलग है?

सारांश

आइए स्पष्ट करें कि AI क्या है—और क्या नहीं है:

- AI स्मार्ट है, लेकिन **मानव नहीं** है
- यह डेटा और पैटर्न में बहुत अच्छा है, भावनाओं में नहीं
- AI «सोचता» या «महसूस» नहीं करता—यह **भविष्यवाणी**

करता है

- मनुष्यों में सहानुभूति, नैतिकता और सहज ज्ञान होता है
- AI सहायता कर सकता है—लेकिन मानवीय निर्णय की जगह नहीं लेनी चाहिए

सच? AI शक्तिशाली है, लेकिन इसे बुद्धिमानी से उपयोग करने के लिए आप जैसे लोगों की आवश्यकता है।

अध्याय 7

नैतिकता, सुरक्षा और डिजिटल ज़िम्मेदारी

AI का सही तरीके से उपयोग करना

परिचय

आर्टिफिशियल इंटेलिजेंस शक्तिशाली है—और किसी भी शक्तिशाली उपकरण की तरह, इसका उपयोग सावधानी से किया जाना चाहिए। आग के बारे में सोचें: यह आपके भोजन को पका सकती है, लेकिन यह एक घर को जला भी सकती है। AI के साथ भी ऐसा ही है। यह अंधे लोगों को देखने में मदद कर सकता है या फ़र्ज़ी ख़बरें फैला सकता है। यह परीक्षाओं में सहायता कर सकता है—या किसी को

धोखा देने में मदद कर सकता है।
यही कारण है कि, AI के भविष्य के रचनाकारों और उपयोगकर्ताओं के रूप में, आपको नैतिकता, सुरक्षा और डिजिटल ज़िम्मेदारी को समझना चाहिए।

यह अध्याय आपको बताएगा कि क्या सही है, क्या जोखिम भरा है, और AI-संचालित दुनिया में स्मार्ट और सुरक्षित रहने के लिए आप क्या कर सकते हैं।

AI नैतिकता क्या है?

नैतिकता का अर्थ है सही और ग़लत के बीच अंतर जानना।
AI नैतिकता यह सुनिश्चित करने के बारे में है कि AI:

- **निष्पक्ष** और निष्पक्ष हो
- **गोपनीयता** की रक्षा करे
- **मानव अधिकारों** का सम्मान करे
- लोगों को **नुकसान न पहुँचाए**
- बुराई के लिए नहीं, बल्कि **भलाई के लिए** उपयोग किया जाए

सिर्फ इसलिए कि कुछ AI से किया जा सकता है, इसका मतलब यह नहीं है कि इसे किया जाना चाहिए।

AI के साथ क्या ग़लत हो सकता है?

आइए देखें कि AI का दुरुपयोग या ख़राब डिज़ाइन होंने पर कुछ वास्तविक ख़तरे क्या हैं:

1. AI में पूर्वाग्रह

यदि किसी AI को अनुचित डेटा पर प्रशिक्षित किया जाता है (उदाहरण के लिए, केवल पुरुष डॉक्टर, केवल गोरे चेहरे),

तो वह ऐसा कर सकता है:

- नौकरी आवेदकों को अनुचित रूप से अस्वीकार करें
- कुछ पृष्ठभूमि के लोगों की ग़लत पहचान करें
- हानिकारक रूढ़िवादिता को बढ़ावा दें

वास्तविक उदाहरण: कुछ चेहरे की पहचान प्रणालियाँ महिलाओं और गहरे रंग की त्वचा वाले लोगों के लिए कम सटीक पाई गईं।

2. गोपनीयता का नुकसान

AI बहुत सारे डेटा एकत्र और विश्लेषण करता है:

- स्थान
- खोज इतिहास
- वॉयस रिकॉर्डिंग
- चेहरा या फिंगरप्रिंट

सहमति के बिना, यह गोपनीयता का आक्रमण बन जाता है।

टिप: «अनुमति दें» पर क्लिक करने से पहले हमेशा एप अनुमतियों की जांच करें।

3. डीपफेक और नकली सामग्री

AI अब बना सकता है:

- नकली आवाज़ें
- नकली वीडियो (डीपफेक)
- नकली समाचार लेख

इनका उपयोग इसके लिए किया जा सकता है:

- ग़लत सूचना फैलाना
- लोगों को ठगना

- किसी की छवि को बदनाम करना

क्या आप जानते हैं?

डीपफेक वीडियो का उपयोग राजनेताओं को ऐसी बातें कहते हुए दिखाने के लिए किया गया है जो उन्होंने कभी नहीं कही!1

4. धोखा और अत्यधिक निर्भरता

कुछ छात्र AI का उपयोग इसके लिए करते हैं:

- असाइनमेंट लिखना
- ऑनलाइन परीक्षा पास करना
- नकली परियोजनाएं बनाना

यह वास्तविक सीखने और विकास को नुकसान पहुँचाता है।

AI के साथ सीखना बहुत अच्छा है—लेकिन AI को सब कुछ करने देना आपकी सोचने की क्षमता को कमज़ोर करता है।

AI और आप: डिजिटल ज़िम्मेदारी

एक छात्र और डिजिटल नागरिक के रूप में, आप AI का बुद्धिमानी से उपयोग करने में एक भूमिका निभाते हैं।

यहाँ आपका AI आचार संहिता है:

करें:

- सीखने और बनाने के लिए AI का उपयोग करें
- प्रश्न करें कि एक AI सिस्टम कैसे काम करता है
- हानिकारक या नकली सामग्री की रिपोर्ट करें
- अपने डेटा और पासवर्ड की सुरक्षा करें
- निष्पक्षता और समावेशिता को प्रोत्साहित करें

न करें:

- धोखा देने के लिए AI का उपयोग करें
- AI-जनित झूठ फैलाएँ

- गुमनाम टूल का उपयोग करके दूसरों को धमकाएँ
- बिना क्रेडिट दिए कला या टेक्स्ट की नकल करें
- व्यक्तिगत डेटा को लापरवाही से साझा करें

नैतिक होने का अर्थ है ऐसे विकल्प चुनना जो **सुरक्षित, दयालु और स्मार्ट** हों।

इसे स्वयं आज़माएँ!

गतिविधि: अपनी AI आचार संहिता बनाएँ
एक भविष्य के AI निर्माता या उपयोगकर्ता के रूप में अपनी ख़ुद की -5नियमों वाली «AI आचार संहिता» लिखें।

उदाहरण के लिए:

- मैं झूठ बोलने या दूसरों को नुकसान पहुँचाने के लिए AI का उपयोग नहीं करूँगा।
- मैं डेटा गोपनीयता का सम्मान करूँगा।
- मैं सीखूँगा, धोखा नहीं दूँगा।
- मैं दुरुपयोग की रिपोर्ट करूँगा।
- मैं दूसरों को AI के साथ सुरक्षित रहने का तरीका सिखाऊँगा।

इसे अपनी अध्ययन मेज़ के पास लटकाएँ या अपने स्कूल के AI क्लब के साथ साझा करें!

सोचें और विचार करें

यदि कोई AI सिस्टम कुछ ग़लत करता है—जैसे आपके खाते को ब्लॉक कर देता है या आपको ग़लत अंक देता है—तो क्या आपको इस पर सवाल उठाने में सक्षम होना चाहिए?

क्या निष्पक्ष है, यह कौन तय करता है: AI या इंसान?

लिखिए कि आपको कैसा महसूस होगा, और आपको क्या लगता है कि हर AI सिस्टम को किन नियमों का पालन करना चाहिए।

करियर कॉर्नर: एक ज़िम्मेदार AI नेता बनें

तकनीक के मानवीय पक्ष में रुचि रखते हैं? यहाँ नैतिक AI भूमिकाएँ हैं:

- **AI नैतिकता शोधकर्ता** – AI की निष्पक्षता और प्रभाव का अध्ययन करता है
- **टेक पॉलिसी एडवाइज़र** – AI कानूनों को बनाने के लिए सरकारों के साथ काम करता है
- **AI नैतिकता शिक्षक** – स्कूलों में AI ज़िम्मेदारी सिखाता है
- **पूर्वाग्रह परीक्षक** – AI के निर्णय लेने के तरीके में त्रुटियाँ ढूंढता है
- **AI अधिकार कार्यकर्ता** – समावेशी और दयालु AI प्रणालियों को बढ़ावा देता है

भविष्य को केवल कोडर्स की नहीं—बल्कि AI में नैतिक नेताओं की आवश्यकता है!

ज़िम्मेदार AI के 5 स्तंभ क्या हैं?

ये नैतिक AI के लिए अंतरराष्ट्रीय स्वर्ण नियम हैं:

स्तंभ	अर्थ
निष्पक्षता	कोई भेदभाव या पूर्वाग्रह नहीं
गोपनीयता	डेटा संरक्षित होना चाहिए
पारदर्शिता	लोगों को पता होना चाहिए कि AI कैसे काम करता है

जवाबदेही	कोई ज़िम्मेदार होना चाहिए
सुरक्षा	AI को नुकसान नहीं पहुँचाना चाहिए

भारत सहित कई देश अपनी AI नीतियों में इन सिद्धांतों का पालन करते हैं।

नकली AI सामग्री को कैसे पहचानें

डीपफेक या AI घोटालों का पता लगाने के लिए युक्तियाँ:

- जाँच करें कि क्या आवाज़ रोबोटिक या बेमेल लगती है
- वीडियो में आँखों और मुँह को देखें—क्या वे अजीब तरह से झपकते हैं?
- यह देखने के लिए Google रिवर्स इमेज़ सर्च करें कि क्या कोई फोटो नकली है
- व्हाट्सएप फॉरवर्ड या बहुत अच्छी लगने वाली खबर पर संदेह करें

यदि अनिश्चित हैं—साझा न करें।

भारत की डिजिटल सुरक्षा पहल

In AI युग में लोगों की सुरक्षा के लिए भारत बड़े कदम उठा रहा है:

- **डिजिटल इंडिया एक्ट** – ऑनलाइन सुरक्षा के लिए कानूनों को अद्यतन करना
- **नीति आयोग के ज़िम्मेदार AI दिशानिर्देश** – निष्पक्ष और समावेशी AI के लिए
- **साइबरसेफ इंडिया कार्यक्रम** – स्कूली बच्चों को ऑनलाइन नैतिकता में प्रशिक्षित करता है

- **भाषणी AI मिशन** – बहुभाषी, नैतिक AI उपकरणों को बढ़ावा देता है

आप जागरूकता अभियानों में शामिल हो सकते हैं या अपने स्कूल में डिजिटल सुरक्षा एंबेसडर बन सकते हैं!

इन्फोग्राफिक सुझाव

शीर्षक: AI सुरक्षा के क्या करें और क्या न करें
दो कॉलम वाला एक पोस्टर डिज़ाइन करें:

करें

- AI के साथ सीखें
- इसका उपयोग दयालुता से करें
- इसके तर्क पर सवाल उठाएँ
- ज़िम्मेदारी से साझा करें

न करें

- धोखा देने के लिए AI का उपयोग करें
- डीपफेक साझा करें
- गोपनीयता भंग करें
- आँख बंद करके विश्वास करें

दृश्य प्रभाव के लिए ताले, चेतावनी संकेत और स्माइली चेहरों जैसे आइकन जोड़ें।

एप लैब

Zigazoo Kids एप आज़माएँ – एक सुरक्षित, संयमित मंच जो

हानिकारक टिप्पणियों को फ़िल्टर करने और सकारात्मक बातचीत को बढ़ावा देने के लिए AI का उपयोग करता है।
अन्वेषण करें कि AI मॉडरेशन कैसे काम करता है—और इसे और भी सुरक्षित बनाने के लिए विचारों का सुझाव दें!

सारांश

AI का सही तरीके से उपयोग कैसे करें, यहाँ बताया गया है:

- पूर्वाग्रह, गोपनीयता के नुकसान और नकली सामग्री जैसे **जोखिमों से अवगत** रहें
- AI उपकरणों का उपयोग या निर्माण करते समय ज़िम्मेदार रहें
- **नैतिक** बनें—दयालुता, सच्चाई और निष्पक्षता चुनें
- **सूचित** रहें—समझें कि AI के निर्णय कैसे लिए जाते हैं
- एक **रोल मॉडल** बनें—दूसरों को सुरक्षित AI आदतें सिखाएँ

AI केवल प्रौद्योगिकी के बारे में नहीं है—यह **मूल्यों** के बारे में है। और महान शक्ति के साथ महान ज़िम्मेदारी भी आती है।

अध्याय 8

भलाई के लिए AI

वास्तविक समस्याओं को हल करना

परिचय

क्या होगा यदि हम आपसे कहें कि AI जान बचा सकता है, महासागरों को साफ कर सकता है, बच्चों को पढ़ा सकता है और अंधों को देखने में मदद कर सकता है?

एक सुपरहीरो जैसा लगता है, है ना?

इस अध्याय में, हम आर्टिफिशियल इंटेलिजेंस के अच्छे पक्ष की खोज करेंगे—कि कैसे इसका उपयोग वास्तविक दुनिया की चुनौतियों को हल करने के लिए किया जा रहा है, ख़ासकर भारत और विकासशील देशों में। स्वास्थ्य सेवा से लेकर आपदा प्रतिक्रिया तक, AI मानवता

की ऐसी तरीकों से मदद कर रहा है जिसकी पहले कभी कल्पना भी नहीं की गई थी।
क्योंकि जब AI का उपयोग उद्देश्य के साथ किया जाता है, तो यह प्रगति के लिए एक शक्तिशाली उपकरण बन जाता है।

पर्यावरण के लिए AI

1. नदियों और महासागरों की सफाई

गंगा और यमुना जैसी नदियों में प्लास्टिक प्रदूषण एक बड़ी समस्या है।
AI-संचालित रोबोट जैसे «वेस्टशार्क» या नजेस.एआई (Nudges.ai) कर सकते हैं:

- तैरते हुए प्लास्टिक का पता लगाना और इकट्ठा करना
- उपग्रह छवियों का उपयोग करके प्रदूषण के स्तर को ट्रैक करना
- तेज़ी से कार्रवाई के लिए सफाई मार्गों का सुझाव देना

भारत में, स्टार्टअप AI का उपयोग करते हैं:

- गंगा नदी की पानी की गुणवत्ता की निगरानी करना
- रासायनिक रिसाव के बारे में अधिकारियों को सचेत करना
- अवैध डंपिंग के लिए उपग्रह छवियों का विश्लेषण करना

2. प्राकृतिक आपदाओं की भविष्यवाणी

AI उपकरण मौसम, मिट्टी, उपग्रह डेटा का विश्लेषण कर सकते हैं **ताकि भविष्यवाणी कर सकें:**

- बाढ़
- भूकंप
- चक्रवात
- जंगल की आग

नासा (NASA) और इसरो (ISRO) प्रारंभिक चेतावनी प्रदान करने के लिए AI मॉडल का उपयोग करते हैं।
बिहार और असम में, AI एप ग्रामीणों को घंटों पहले बाढ़ के बारे में चेतावनी देते हैं—जान और फसलों को बचाते हैं!

स्वास्थ्य सेवा तक पहुंच के लिए AI

AI स्वास्थ्य सेवा को किफायती और सुलभ बना रहा है, यहां तक कि दूरदराज के क्षेत्रों में भी।
वास्तविक दुनिया के उपयोग:

- एमफाइन या अदा (Ada) जैसे **AI चैटबॉट** रोगियों से प्रश्न पूछते हैं और संभावित स्वास्थ्य स्थितियों का सुझाव देते हैं1
- AI नेत्र स्कैन अंधेपन का जल्द पता लगाते हैं—भारत में **अरविंद नेत्र अस्पताल** द्वारा उपयोग किया जाता है
- **मोबाइल एक्स-रे AI** उपकरण सेकंडों में निमोनिया और टीबी का पता लगाते हैं
- **ड्रोन डिलीवरी** पहाड़ी या आदिवासी गांवों में दवाएं और टीके भेजती हैं

ये उपकरण समय, लागत और जीवन बचाते हैं—विशेषकर उन स्थानों पर जहां कम डॉक्टर हैं।

मानसिक स्वास्थ्य और विकलांगों के लिए AI

AI लोगों को महसूस करने और सुनने में मदद कर रहा है—यहां तक कि जो चुपचाप संघर्ष कर रहे हैं।
देखभाल करने वाले उपकरण:

- **वैसा (Wysa)** – एक भारतीय मानसिक स्वास्थ्य चैटबॉट जो भावनात्मक सहायता देता है2

- **वॉयस AI** – भाषण पैटर्न के आधार पर अवसाद या चिंता का पता लगाता है
- **इमेज़-टू-टेक्स्ट AI** – दृष्टिबाधित उपयोगकर्ताओं को मुद्रित दस्तावेजों को पढ़ने में मदद करता है
- **सांकेतिक भाषा AI** – बधिर उपयोगकर्ताओं के लिए हावभाव को पाठ या आवाज़ में परिवर्तित करता है

AI डॉक्टरों की जगह नहीं ले रहा है—यह उन्हें अधिक लोगों तक तेज़ी से पहुंचने में सहायता कर रहा है।

गुणवत्तापूर्ण शिक्षा के लिए AI

लाखों बच्चे अच्छी शिक्षा से वंचित हैं। AI इस अंतर को पाटने में मदद करता है।

भलाई के लिए शिक्षा में AI:

- **व्यक्तिगत शिक्षण** – छात्र की गति के आधार पर सामग्री को अनुकूलित करता है
- **अनुवाद उपकरण** – +22 भारतीय भाषाओं में पाठ उपलब्ध कराते हैं
- **पहुंच योग्यता सुविधाएँ** – पढ़ने वाले उपकरण, बड़ा पाठ, उपशीर्षक
- **ऑफलाइन AI उपकरण** – आदिवासी या ग्रामीण स्कूलों में इंटरनेट के बिना काम करते हैं

गूगल के **बोलो (अब रीड अलोंग)** जैसे प्रोजेक्ट वॉयस AI का उपयोग करके ग्रामीण बच्चों को हिंदी और अंग्रेजी में पढ़ना सिखाते हैं!

स्मार्ट खेती में AI

कई भारतीय किसान अप्रत्याशित मौसम या कीटों के कारण नुकसान का सामना करते हैं।
AI फसल की पैदावार में सुधार, बर्बादी कम करने और आय बढ़ाने में मदद करता है।

खेत में AI:

- **किसान AI वॉयस असिस्टेंट** – किसानों को मौसम या बाज़ार अपडेट प्राप्त करने में मदद करते हैं
- **फसल रोग का पता लगाना** – फोन कैमरे + AI शुरुआती लक्षणों का पता लगाते हैं
- **मिट्टी परीक्षण AI** – भूमि की स्थिति के आधार पर उर्वरकों का सुझाव देता है
- **आपूर्ति श्रृंखला AI** – किसानों को सीधे खरीदारों से जोड़ता है, बिचौलियों को कम करता है

उदाहरण: माइक्रोसॉफ्ट ने ICRISAT के साथ मिलकर मौसम और मिट्टी के डेटा का उपयोग करके सबसे अच्छी बुवाई की तारीखों की भविष्यवाणी करने के लिए एक AI उपकरण बनाया।

सामाजिक न्याय के लिए AI

AI असमानता से भी लड़ सकता है और न्याय प्रणालियों का समर्थन कर सकता है।
कैसे?

- तेज़ी से निर्णय लेने में सहायता के लिए बड़ी मात्रा में कानूनी मामलों का विश्लेषण करना
- उन क्षेत्रों की भविष्यवाणी करना जिन्हें अधिक पुलिसिंग या सामाजिक सहायता की आवश्यकता है

- हाशिए पर पड़े समुदायों को दुर्व्यवहार की रिपोर्ट करने में मदद करने के लिए वॉयस AI एप
- कानूनी सहायता को क्षेत्रीय भाषाओं में अनुवाद करने के लिए AI बॉट

भारत में, **जुगलबंदी परियोजना** ग्रामीणों को उनकी भाषा में सरकारी योजनाओं तक पहुंच प्रदान करने के लिए व्हाट्सएप + AI का उपयोग करती है।

इसे स्वयं आज़माएँ!

गतिविधि: भलाई के लिए एक AI का सपना देखें

अपने स्कूल, शहर या कस्बे में एक समस्या की कल्पना करें।
अब इसे हल करने के लिए एक AI उपकरण डिज़ाइन करें। **उत्तर दें:**

- समस्या क्या है?
- आपका AI कौन उपयोग करेगा?
- इसे किस डेटा की आवश्यकता होगी?
- यह क्या करेगा?

उदाहरण:
समस्या – आपकी कैंटीन में भोजन की बर्बादी
AI उपकरण – स्मार्ट कैमरा जो रोज़ाना बचे हुए भोजन की गिनती करता है
प्रभाव – भोजन योजना में बदलाव का सुझाव देता है

सोचें और विचार करें

क्या सभी AI परियोजनाओं का उद्देश्य समाज की मदद करना होना चाहिए?
कुछ AI केवल पैसे या मनोरंजन के लिए बनाया जाता है। लेकिन क्या हर AI परियोजना का सकारात्मक प्रभाव हो सकता है?
क्या आप मज़ेदार AI (जैसे चैटबॉट या फ़िल्टर) को ऐसे टूल में बदलने के तरीके सोच सकते हैं जो लोगों की मदद करते हैं?

करियर कॉर्नर: एक AI चेंजमेकर बनें

भलाई के लिए तकनीक बनाना चाहते हैं? इन भूमिकाओं का अन्वेषण करें:

- **पर्यावरण विशेषज्ञ के लिए AI** – जलवायु परिवर्तन से लड़ने के लिए उपकरण बनाता है
- **समावेशी AI डिज़ाइनर** – सभी पृष्ठभूमि के लिए उपकरण सुलभ बनाता है
- **भलाई के लिए डेटा विश्लेषक** – सामाजिक समस्याओं को हल करने के लिए डेटा का उपयोग करता है
- **शिक्षा टेक डेवलपर** – ग्रामीण बच्चों के लिए सीखने वाले एप बनाता है
- **AI नीति सलाहकार** – नैतिक नवाचार के लिए सरकारों के साथ काम करता है

NGOs, स्कूल परियोजनाओं, या स्थानीय हैकाथॉन में शामिल हों जो AI के माध्यम से सामाजिक प्रभाव पर ध्यान केंद्रित करते हैं!

भलाई के लिए AI के वैश्विक उदाहरण

- **यूनिसेफ का बच्चों के लिए AI** – ज़िम्मेदार AI के माध्यम से बाल अधिकारों को बढ़ावा देता है
- **वाइल्डबुक AI** – उनकी तस्वीरों से लुप्तप्राय जानवरों को ट्रैक करता है
- **प्लांटिक्स एप** – भारत में किसानों को AI का उपयोग करके कीटों का पता लगाने में मदद करता है
- **माइक्रोसॉफ्ट का सीइंग AI** – वास्तविक समय में दृष्टिबाधित उपयोगकर्ताओं को दुनिया का वर्णन करता है
- **आपदा अलर्ट AI** – दुनिया भर में प्राकृतिक आपदाओं की भविष्यवाणी करता है और उनका मानचित्रण करता है

ये परियोजनाएं साबित करती हैं कि AI सिर्फ स्मार्ट नहीं है—यह दयालु भी हो सकता है।

इन्फोग्राफिक सुझाव

ऑनलाइन शॉपिंग में AI «भलाई के लिए AI – हमारे आसपास वास्तविक प्रभाव»

प्रत्येक श्रेणी के लिए आइकन बनाएँ:

- स्वास्थ्य सेवा
- कृषि
- शिक्षा
- पर्यावरण
- मानसिक स्वास्थ्य
- सामाजिक न्याय

प्रत्येक आइकन के बगल में, 1 वास्तविक उदाहरण जोड़ें (जैसे, मानसिक स्वास्थ्य के लिए वैसा, पढ़ने के लिए बोलो, खेती के लिए क्रॉपइन)।

एप लैब

गूगल रीड अलोंग (बोलो) एप आज़माएँ।

यह भाषण पहचान का उपयोग करता है:

- बच्चों को ज़ोर से पढ़ने में मदद करना
- तत्काल प्रतिक्रिया देना
- भारतीय भाषाओं में ऑफलाइन काम करना

जाँच करें कि यह छोटे भाई-बहन—या ख़ुद आपकी कैसे मदद करता है। क्या आप कुछ ऐसा ही बना सकते हैं?

सारांश

आइए मनाएं कि AI का उपयोग भलाई के लिए कैसे किया जा रहा है:

- डॉक्टरों, शिक्षकों, किसानों और बच्चों की मदद करता है
- ग्रह की रक्षा करता है, आपदाओं की भविष्यवाणी करता है
- मानसिक स्वास्थ्य और विकलांगों का समर्थन करता है
- निष्पक्षता, न्याय और समावेश को बढ़ावा देता है
- ग्रामीण भारत में डिजिटल अंतर को पाटता है

AI कोडिंग और गैजेट्स से कहीं बढ़कर है—यह एक बेहतर दुनिया बनाने का अवसर है।

और यह आप जैसे युवा चेंजमेकर्स से शुरू होता है।

अध्याय 9

आप जो कूल प्रोजेक्ट आज़मा सकते हैं

चैटबॉट से AI कला तक

परिचय

क्या आप अपना ख़ुद का AI प्रोजेक्ट बनाना चाहते हैं?
आपको टेक जीनियस होने या कॉलेज तक इंतज़ार करने की आवश्यकता नहीं है। सही टूल और थोड़ी रचनात्मकता के साथ, आप अभी AI प्रोजेक्ट बनाना शुरू कर सकते हैं—यहां तक कि स्कूल में भी!
यह अध्याय रोमांचक, शुरुआती-अनुकूल AI प्रोजेक्ट्स से भरा है जिन्हें आप स्क्रैच, टीचेबल मशीन, गूगल कोलाब और कैनवा AI जैसे सरल प्लेटफॉर्म का उपयोग करके आज़मा सकते हैं।

आइए कुछ मज़ेदार, सार्थक और वास्तव में आपका बनाएँ!

प्रोजेक्ट 1: अपना ख़ुद का चैटबॉट बनाएँ

यह क्या करता है:
एक चैटबॉट एक मिनी रोबोट है जो उपयोगकर्ताओं से बात करता है। यह सवालों के जवाब दे सकता है, साधारण बातचीत कर सकता है या लोगों का मार्गदर्शन कर सकता है।

टूल:

- स्क्रैच + मशीन लर्निंग एक्सटेंशन
- डायलॉगफ्लो (गूगल द्वारा)
- एमआईटी एप इन्वेंटर

चरण:

- एक विषय चुनें: उदा. **स्टडी बडी, मूड बॉट, या होमवर्क हेल्पर**
- विभिन्न प्रश्नों के लिए प्रतिक्रियाएँ बनाएँ
- तर्क जोड़ें: «यदि उपयोगकर्ता X कहता है, तो बॉट Y जवाब देता है»
- अपने चैटबॉट को दोस्तों के साथ टेस्ट करें!

टिप: इसे सिरी की तरह बोलने के लिए वॉयस इनपुट सुविधाओं का उपयोग करें!

प्रोजेक्ट 2: भावनाओं को पहचानने वाला AI

यह क्या करता है:
आपके कंप्यूटर को आपके चेहरे के भावों को पढ़ने और आपके मूड को लेबल करने के लिए सिखाता है।

टूल:

- गूगल टीचेबल मशीन

चरण:

- टीचेबल मशीन > इमेज़ प्रोजेक्ट खोलें
- अपने वेबकैम का उपयोग करके 3 मूड (खुश, उदास, गुस्सा) रिकॉर्ड करें
- अपने मॉडल को प्रशिक्षित करें
- वास्तविक समय में इसका परीक्षण करें

इसे एक स्टोरी एप में जोड़ें जहाँ पृष्ठभूमि आपके मूड के आधार पर बदलती है!

प्रोजेक्ट 3: AI-जनित कला बनाएँ

यह क्या करता है:

शब्दों को AI का उपयोग करके कला में बदलें।

टूल:

- DALL•E
- क्रेयोन
- कैनवा AI आर्ट जनरेटर

चरण:

- DALL•E या कैनवा पर जाएँ
- एक प्रॉम्प्ट टाइप करें जैसे: «वैन गॉग शैली में अंतरिक्ष के माध्यम से एक बाघ की सवारी करता हुआ एक अंतरिक्ष यात्री»
- अपनी कला को जीवंत होते देखें!
- इसे पोस्टर, बुकमार्क या नोटबुक कवर के रूप में प्रिंट करें।

टिप: स्कूल में «AI द्वारा निर्मित» टैग के साथ एक मिनी आर्ट गैलरी बनाएँ!

प्रोजेक्ट 4: AI के साथ रॉक-पेपर-सिज़र्स गेम

यह क्या करता है:
अपने हाथ के हावभाव का उपयोग करके गेम खेलें और AI आपकी चाल को पहचान लेगा।
टूल:

- टीचेबल मशीन
- स्क्रैच + वेबकैम एक्सटेंशन

चरण:

- रॉक, पेपर, सिज़र्स दिखाते हुए अपने हाथ को रिकॉर्ड करें
- अपने मॉडल को प्रशिक्षित करें
- इसे स्क्रैच से कनेक्ट करें ताकि कंप्यूटर वापस खेले
- स्कोरिंग और मज़ेदार ध्वनि प्रभाव जोड़ें!

अब आपके पास एक स्मार्ट गेम बॉट है जो आपके हाथों को देखता है!

प्रोजेक्ट 5: स्मार्ट क्विज़ एप

यह क्या करता है:
एक क्विज़ एप जो आपके स्तर के आधार पर आपको प्रश्न देता है।
टूल:

- एमआईटी एप इन्वेंटर
- गूगल शीट्स (प्रश्न भंडारण के लिए)
- वॉयसफ्लो या डायलॉगफ्लो (स्मार्ट वॉयस फीचर्स के लिए)

चरण:

- एक क्विज़ प्रारूप बनाएँ
- AI जोड़ें जो आपके पिछले स्कोर की जाँच करता है
- प्रश्न की कठिनाई को समायोजित करें

- टेक्स्ट-टू-स्पीच शामिल करें ताकि यह प्रश्नों को ज़ोर से पढ़ सके!

बोनस: इसे और अधिक शैक्षिक बनाने के लिए हर उत्तर के बाद एक «मज़ेदार तथ्य» जोड़ें।

प्रोजेक्ट 6: ऑब्जेक्ट डिटेक्शन गेम

यह क्या करता है:
आपके वेबकैम का उपयोग करके पेन, बोतलें, किताबें जैसी वास्तविक दुनिया की वस्तुओं को पहचानता है।

टूल:

- गूगल टीचेबल मशीन
- वेबकैम + HTML/CSS यदि उन्नत हो

चरण:

- अपनी वास्तविक वस्तुओं की छवियां रिकॉर्ड करें
- मॉडल को उन्हें लेबल करने के लिए प्रशिक्षित करें
- स्कोरिंग जोड़ें: «30 सेकंड में 3 आइटम ढूंढें और दिखाएँ»
- टाइमर आपकी ऑब्जेक्ट मिलान गति की गणना करता है

एक कक्षा «AI ट्रेजर हंट» गतिविधि के लिए बढ़िया!

प्रोजेक्ट 7: AI कविता जनरेटर

यह क्या करता है:
आपके इनपुट का उपयोग करके यादृच्छिक कविताएँ या चुटकुले उत्पन्न करता है।

टूल:

- ChatGPT प्लेग्राउंड (उन्नत उपयोगकर्ताओं के लिए)
- स्क्रैच या गूगल फॉर्म्स + रिस्पांस AI

चरण:

- उपयोगकर्ता से मूड दर्ज़ करने के लिए कहें: «खुश, उदास, मूर्खतापूर्ण»
- एक छोटी कविता या उद्धरण उत्पन्न करें
- मज़ेदार रंगों और फोंट के साथ इसे प्रदर्शित करें

टिप: «AI + मी» द्वारा बनाई गई कविताओं की एक ई-बुक संकलित करें।

प्रोजेक्ट 8: वॉयस-कंट्रोल्ड असिस्टेंट (मिनी-एलेक्सा की तरह)

यह क्या करता है:

«क्या समय हुआ है?» या «एक चुटकुला सुनाओ!» जैसे वॉयस कमांड का जवाब देता है।

टूल:

- वॉयसफ्लो
- डायलॉगफ्लो
- पायथन + स्पीच रिकॉग्निशन (उन्नत)

चरण:

- वॉयस कमांड रिकॉर्ड करें
- मिलान प्रतिक्रियाएँ बनाएँ
- स्मार्ट क्रियाएँ जोड़ें जैसे घड़ी दिखाना, संगीत बजाना, आदि।
- इसे इंटरैक्टिव बनाने के लिए स्पीकर का उपयोग करें

इसे अपने दोस्तों के साथ टेस्ट करें और कहें «हाय AI!»

एप लैब

अपने ख़ुद के AI-संचालित एंड्रॉइड एप बनाने के लिए एमआईटी एप इन्वेंटर आज़माएँ।
मुफ़्त, ड्रैग-एंड-ड्रॉप ब्लॉक, और इसमें कैमरा, वॉयस और सेंसर भी शामिल हैं।

प्रोजेक्ट विचार:

- मूड ट्रैकर एप
- वॉयस अलर्ट के साथ प्लांट केयर रिमाइंडर
- भाषा क्विज़ बॉट

अपना एप प्रकाशित करें और स्कूल प्रदर्शनियों में दिखाएँ!

इसे स्वयं आज़माएँ!

गतिविधि: अपनी ड्रीम AI परियोजना डिज़ाइन करें

शुरू करने के लिए इनका उत्तर दें:

- आपका AI क्या करेगा?
- यह किसकी मदद करेगा?
- इसे किस डेटा की आवश्यकता होगी?
- आप किस प्लेटफॉर्म/टूल का उपयोग करेंगे?
- इसे क्या अनूठा बनाएगा?

अपनी एप स्क्रीन, चैटबॉट चेहरा या गेम लेआउट को ड्रा या स्केच करें।
अपने विचार को अपनी कक्षा में प्रस्तुत करें और सबसे अच्छे पर वोट करें!

सोचें और विचार करें

क्या AI परियोजनाओं को हमेशा मज़ेदार होना चाहिए, या उन्हें समस्याओं को भी हल करना चाहिए?
क्या आप दोनों को मिला सकते हैं?
एक मज़ेदार + सहायक AI टूल के लिए 1 विचार लिखें। उदाहरण: एक वॉयस बॉट जो चुटकुले सुनाता है और तनाव कम करने में मदद करता है!

करियर कॉर्नर: स्कूल प्रोजेक्ट्स से स्टार्टअप तक

आज का छात्र AI प्रोजेक्ट कल का स्टार्टअप बन सकता है।

खोजने के लिए करियर:

- **AI प्रोडक्ट डिज़ाइनर** – मज़ेदार टूल बनाता है जिन्हें लोग पसंद करते हैं
- **एडटेक डेवलपर** – सीखने के लिए AI गेम बनाता है
- **AI गेम डिज़ाइनर** – स्मार्ट कैरेक्टर कोड करता है
- **क्रिएटिव टेक्नोलॉजिस्ट** – AI और डिज़ाइन को मिलाता है
- **कन्वर्सेशनल AI डेवलपर** – चैटबॉट और वॉयस बॉट बनाता है

टिप: अपने प्रोजेक्ट्स को गिटहब पर साझा करें या छात्र हैकाथॉन में भाग लें जैसे:

- सीबीएसई एटीएल मैराथन
- AI4Youth इंडिया
- टेक्नोवेशन गर्ल्स
- कोडवर इंटरनेशनल AI चैलेंज

इन्फोग्राफिक सुझाव

शीर्षक: छात्रों के लिए कूल AI प्रोजेक्ट्स
आइकन के साथ एक पोस्टर लेआउट बनाएँ:

- चैटबॉट
- AI कला
- AI गेम
- वॉयस असिस्टेंट
- क्विज़ एप
- कविता जनरेटर

आप जिन टूल का उपयोग कर सकते हैं अनुभाग जोड़ें: टीचेबल मशीन, स्क्रैच, एप इन्वेंटर, कैनवा, वॉयसफ्लो

सारांश

आइए समीक्षा करें कि आप क्या बना सकते हैं:

- जवाब देने या मनोरंजन करने वाले **चैटबॉट**
- हाथ के हावभाव को पहचानने वाले **गेम**
- क्विज़ या सिखाने वाले **एप्स**
- केवल एक वाक्य से शुरू होने वाली **कला**
- आवाज़, दृष्टि और तर्क को मिलाने वाले **प्रोजेक्ट्स**

सबसे अच्छी बात? आपको इंतज़ार करने की आवश्यकता नहीं है। आप आज ही शुरू कर सकते हैं।

आपकी कल्पना और आपके आस-पास के उपकरणों के साथ, आप AI का भविष्य हैं।

अध्याय 10

AI और काम का भविष्य

नौकरियाँ, कौशल और अवसर

परिचय

"क्या रोबोट हमारी नौकरियाँ ले लेंगे?"
आर्टिफिशियल इंटेलिजेंस के बारे में यह सबसे ज़्यादा पूछे जाने वाले सवालों में से एक है। इसका जवाब हाँ और ना दोनों है।
हाँ, AI हमारे काम करने के तरीके को बदल देगा।
नहीं, यह सभी नौकरियाँ नहीं छीनेगा—बल्कि, यह नई नौकरियाँ बनाएगा और हमें जिन कौशलों की आवश्यकता है उन्हें बदल देगा।
इस अध्याय में, हम जानेंगे कि AI काम के भविष्य को कैसे आकार दे रहा

है, कौन सी नौकरियाँ गायब होंगी, कौन सी नई भूमिकाएँ सामने आएंगी, और भविष्य के लिए तैयार रहने के लिए छात्रों को किन कौशलों की आवश्यकता है।

नौकरियाँ AI बदल सकता है

AI दोहराए जाने वाले, नियम-आधारित कार्यों में बहुत अच्छा है। तो, जिन नौकरियों में दोहराव और कोई रचनात्मकता नहीं होती है, वे स्वचालित हो सकती हैं।

जोखिम में:

- डेटा एंट्री ऑपरेटर
- बैंक क्लर्क
- कॉल सेंटर एजेंट
- कैशियर
- टिकट बुकिंग स्टाफ
- बुनियादी फैक्ट्री लाइन के कर्मचारी

ये भूमिकाएँ सिकुड़ सकती हैं क्योंकि AI और रोबोट उन्हें तेज़ी से और बिना ब्रेक के कर सकते हैं।

नौकरियाँ AI बनाएगा

जितनी नौकरियाँ AI बदलता है, उतनी ही नई नौकरियाँ बनाता है जो पहले कभी मौजूद नहीं थीं।

उभरते AI-संचालित करियर:

- मशीन लर्निंग इंजीनियर
- डेटा साइंटिस्ट
- AI एथिक्स कंसल्टेंट

- गेम AI डेवलपर
- रोबोटिक्स तकनीशियन
- AI ट्रेनर (डेटा का उपयोग करके AI को सिखाता है)
- चैटबॉट डिज़ाइनर
- AI कला निर्माता
- भविष्य कहने वाला विश्लेषक
- स्वास्थ्य सेवा विशेषज्ञ में AI

इनमें से कई करियर में मानव + AI टीम वर्क की आवश्यकता होती है!

नौकरियाँ जो बदल जाएंगी

कुछ नौकरियाँ गायब नहीं होंगी—लेकिन वे AI टूल के साथ बदल जाएंगी।

करियर	पुराना तरीका	AI-उन्नत
शिक्षक	ब्लैकबोर्ड शिक्षण	व्यक्तिगत AI एप
डॉक्टर	मैनुअल निदान	AI-सहायता प्राप्त इमेज़िंग
किसान	मौसम पर अनुमान लगाना	AI-आधारित सिंचाई
बैंकर	मैनुअल चेक	रोबो-सलाहकार
कलाकार	पेंट और कैनवास	AI-सहायता प्राप्त डिज़ाइन

भविष्य में, AI आपको प्रतिस्थापित नहीं करेगा—यह आपको सशक्त करेगा (यदि आप इसे उपयोग करना जानते हैं)।

विभिन्न उद्योगों में AI

स्वास्थ्य सेवा:

- रोग की भविष्यवाणी, दवा विकास, AI-सहायता प्राप्त सर्जरी

शिक्षा:

- स्मार्ट ट्यूटर, सामग्री निर्माण, सीखने का विश्लेषण

वित्त:

- धोखाधड़ी का पता लगाना, रोबो-निवेश, ग्राहक चैटबॉट

विनिर्माण:

- विज़न AI का उपयोग करके गुणवत्ता नियंत्रण, स्मार्ट रोबोट

कानून:

- पिछले निर्णयों की समीक्षा के लिए AI, कानूनी शोध में सहायता

भोजन:

- स्मार्ट रेसिपी जनरेटर, किचन रोबोट (जैसे नोश)

भविष्य के लिए तैयार कौशल जो आपको सीखने चाहिए

AI के भविष्य में सफल होने के लिए आपको कोडर होने की आवश्यकता नहीं है। लेकिन आपको चाहिए:

शीर्ष 10 कौशल:

- समस्या-समाधान
- आलोचनात्मक सोच
- रचनात्मकता
- संचार
- भावनात्मक बुद्धिमत्ता
- सहयोग
- डिजिटल साक्षरता

- डेटा जागरूकता
- नैतिकता और ज़िम्मेदारी
- जिज्ञासा और सीखने की मानसिकता

AI सिर्फ एक उपकरण है—असली कौशल यह है कि आप इसका उपयोग कैसे करते हैं।

इसे स्वयं आज़माएँ!

गतिविधि: "अपनी भविष्य की नौकरी डिज़ाइन करें"

कल्पना करें कि यह 2035 है। आप AI-संचालित दुनिया में काम कर रहे हैं। इसे भरें:

- **नौकरी का शीर्षक:** ________________
- आप रोज़ाना क्या करते हैं?
- कौन से AI टूल आपकी मदद करते हैं?
- आप कौन से मानवीय कौशल का उपयोग करते हैं?
- आपकी नौकरी लोगों की कैसे मदद करती है?

उदाहरण:

नौकरी का शीर्षक: इमोशनल AI कोच

दैनिक कार्य: रोबोट को भावनाओं को पहचानना सिखाना

टूल: फेशियल AI, सहानुभूति मॉडल

कौशल: मनोविज्ञान + टेक

प्रभाव: AI को दयालुता से संवाद करने में मदद करता है

सोचें और विचार करें

क्या छात्रों को AI भविष्य के लिए तैयार होने के लिए केवल कोडिंग पर ध्यान देना चाहिए?

क्या कहानीकार, शिक्षक या खेल प्रशिक्षक भी AI दुनिया का हिस्सा हो

सकते हैं?
अपना विचार लिखें। 2 गैर-तकनीकी नौकरियों को सूचीबद्ध करें जो भविष्य में AI का उपयोग कर सकती हैं।

भविष्य के करियर पथ – स्ट्रीम + AI

स्कूल स्ट्रीम	AI-लिंक्ड करियर
विज्ञान	AI शोधकर्ता, बायोइनफॉरमैटिक्स विश्लेषक
वाणिज्य	फिनटेक विश्लेषक, AI बिजनेस रणनीतिकार
मानविकी	AI एथिक्स ऑफिसर, भाषाई AI ट्रेनर
कला	AI इलस्ट्रेटर, गेम नैरेटिव डिज़ाइनर
व्यावसायिक	रोबोटिक्स असेंबलर, ड्रोन तकनीशियन

कोई फ़र्क नहीं पड़ता कि आप कौन सी स्ट्रीम चुनते हैं—AI का आपकी यात्रा में एक स्थान है।

एप लैब

TCS iON करियर इनसाइट आज़माएँ – एक भारतीय मंच जो छात्रों को उनकी रुचियों, कौशलों और करियर प्राथमिकताओं के आधार पर मार्गदर्शन करने के लिए AI का उपयोग करता है।
एक क्विज़ लें और AI-संचालित नौकरियों का अन्वेषण करें जो आपके व्यक्तित्व से मेल खाती हैं!

कंपनियाँ भविष्य के कर्मचारियों में क्या चाहती हैं

बड़े नियोक्ता पहले से ही इसकी तलाश में हैं:

- ऐसे लोग जो AI टूल के साथ काम कर सकते हैं

- टीम के खिलाड़ी जो मशीनों और मनुष्यों के साथ सहयोग कर सकते हैं
- नैतिक विचारक जो AI का ज़िम्मेदारी से उपयोग करते हैं
- आजीवन सीखने वाले जो नई तकनीक को तेज़ी से अपनाते हैं

टिप: अभी अपना पोर्टफोलियो बनाना शुरू करें—प्रोजेक्ट्स, एप्स, लेखन, वीडियो, डिज़ाइन।

2040 में काम कैसा दिखेगा?

कल्पना करें:

- AI अनुवादकों के साथ वैश्विक टीमें
- वास्तविक समय डेटा दिखाने वाले स्मार्ट चश्मे
- आवाज़ द्वारा प्रबंधित फैक्ट्री रोबोट
- AI द्वारा संचालित वर्चुअल शिक्षक
- कल्याण को ट्रैक करने के लिए AI डैशबोर्ड का उपयोग करने वाले प्रबंधक

भविष्य का कार्यालय डिजिटल, लचीला और बुद्धिमान होगा। क्या आप तैयार होंगे?

इन्फोग्राफिक सुझाव

शीर्षक: "AI + करियर = आपका भविष्य"

3 श्रेणियाँ दिखाएँ:

- नौकरियाँ AI बदल देगा (आइकन के साथ)
- नौकरियाँ AI बनाएगा (नई नौकरी के शीर्षकों के साथ)
- कौशल जिनकी आपको आवश्यकता है (सॉफ्ट + टेक

कौशल के लिए आइकन)

तीरों और भविष्य-थीम वाले चित्रों का उपयोग करें जैसे लैब कोट में रोबोट, AI चश्मा, स्मार्ट कक्षाएँ।

क्या आप जानते हैं?

विश्व आर्थिक मंच के अनुसार:

- **85 मिलियन नौकरियाँ** स्वचालन से विस्थापित हो सकती हैं
- लेकिन **97 मिलियन नई भूमिकाएँ** बनाई जाएंगी!

यह नौकरियों के खोने के बारे में नहीं है—यह नौकरियों के बदलने के बारे में है।

सारांश

आइए AI के साथ काम के भविष्य की समीक्षा करें:

- कुछ नौकरियाँ **स्वचालित** हो जाएंगी
- कई **परिवर्तित** होंगी और नए उपकरणों की आवश्यकता होगी
- पूरी तरह से **नए करियर** सामने आएंगे
- सहानुभूति और रचनात्मकता जैसे **मानवीय कौशल** चमकेंगे
- हर स्ट्रीम के छात्र AI कार्यबल में प्रवेश कर सकते हैं

तैयारी करने का सबसे अच्छा तरीका?

जिज्ञासु रहें, सीखते रहें, और AI को अपने साथी के रूप में उपयोग करें—अपने प्रतिस्थापन के रूप में नहीं।

अध्याय 11

AI में लड़कियाँ और लड़के

आइए सब शामिल हों!

परिचय

जब आप AI वैज्ञानिकों या तकनीकी विशेषज्ञों के बारे में सोचते हैं, तो
आपके मन में कौन आता है?
लैब कोट में एक आदमी? चश्मे वाला एक पुरुष कोडर?
यह एक रूढ़िवादिता है।
और इसे बदलने का समय आ गया है।

आर्टिफिशियल इंटेलिजेंस सबके लिए है—लड़कियाँ, लड़के, ग्रामीण बच्चे, शहरी बच्चे, कलाकार, गेमर, लेखक और वैज्ञानिक।

इस अध्याय में, हम जानेंगे कि सभी पृष्ठभूमि और लिंगों के छात्र AI की दुनिया में कैसे शामिल हो सकते हैं—और क्यों **विविधता** AI को बेहतर बनाती है।

AI में समावेशिता क्यों मायने रखती है

यदि केवल एक प्रकार का व्यक्ति AI बनाता है, तो परिणाम एकतरफा होंगे।

समस्या:

- AI अन्य संस्कृतियों, भाषाओं या ज़रूरतों को **नजरअंदाज** कर सकता है
- AI **पूर्वाग्रह** दिखा सकता है (उदाहरण के लिए, खोज परिणामों में केवल पुरुष डॉक्टरों को दिखाना)
- AI विकलांग या विभिन्न त्वचा टोन वाले लोगों के लिए **अच्छी तरह से काम** नहीं कर सकता है

समाधान:

हमें सभी लिंगों, क्षेत्रों, भाषाओं और क्षमताओं के लोगों की आवश्यकता है ताकि AI को हर किसी के लिए काम करने के लिए डिज़ाइन किया जा सके।

AI में जितनी अधिक आवाज़ें होंगी, वह उतना ही स्मार्ट और निष्पक्ष बनेगा।

बाधाओं को तोड़ना: टेक में लड़कियों को अक्सर किन चुनौतियों का सामना करना पड़ता है

कई जगहों पर, AI और कोडिंग क्लबों में लड़कियों का कम प्रतिनिधित्व होता है।

क्यों?

- कम रोल मॉडल
- तकनीक तक पहुंच की कमी
- सामाजिक दबाव ("टेक लड़कों के लिए है")
- कम आत्मविश्वास (भले ही समान रूप से प्रतिभाशाली हों!)

लेकिन यह **तेज़ी से बदल रहा है।**

AI में लड़कियों को प्रेरित करना – वास्तविक रोल मॉडल

1. तान्या नॉटले (ऑस्ट्रेलिया)
किशोर लड़कियों के लिए AI कार्यशालाएँ बनाईं ताकि वे नैतिकता सीख सकें और अपने स्वयं के चैटबॉट बना सकें।

2. श्वेता रावत (भारत)
ग्रामीण भारत में सर्वाइकल कैंसर का शीघ्र पता लगाने के लिए एक AI टूल बनाया।

3. एवी कूलूट (यूके, 11 साल की उम्र में शुरू किया!)
AI-संचालित रोबोट बनाती हैं और लड़कियों के लिए कोडिंग कार्यशालाएँ चलाती हैं।

4. रिया बंसल (भारत)
टीचेबल मशीन-आधारित आपदा चेतावनी प्रणाली बनाने के लिए सीबीएसई के एटीएल मैराथन जीता।

इन लड़कियों ने बड़ा होने का इंतज़ार नहीं किया—उन्होंने जल्दी शुरुआत की, ठीक वैसे ही जैसे आप कर सकते हैं!

समावेशन में सहयोगी के रूप में लड़के

टेक दुनिया को समावेशी बनाने में लड़के एक शक्तिशाली भूमिका निभाते हैं।

कैसे?

- सभी लिंगों के साथियों को संसाधन साझा करें और **प्रोत्साहित करें**
- अपने समूह में **लिंग रूढ़िवादिता** को तोड़ें
- स्कूल परियोजनाओं के लिए **मिश्रित AI टीमें** बनाएँ
- यदि कोई कहता है कि "लड़कियाँ कोड नहीं कर सकतीं" (यह ग़लत है!) तो **आवाज़ उठाएँ**

जब हर कोई योगदान देता है तो टेक बेहतर होता है।

AI में लड़कियों को सशक्त बनाने वाले कार्यक्रम

1. टेक्नोजेनेशन गर्ल्स

वैश्विक चुनौती जहाँ लड़कियाँ वास्तविक दुनिया की समस्याओं के लिए AI-संचालित एप बनाती हैं।

2. शीकोड्स इंडिया

कोडिंग और AI शिक्षा के लिए कार्यशालाएँ और छात्रवृत्तियाँ।

3. सीबीएसई एटीएल टिंकरप्रेन्योर

पूरे भारत में लड़कियों और लड़कों दोनों से नवाचार को प्रोत्साहित करता है।

4. गर्ल्स हू कोड

टेक में लड़कियों के लिए मुफ़्त संसाधन, क्लब और सिस्टरहुड।

AI में लैंगिक समानता को बढ़ावा देने के लिए स्कूल के विचार

- AI क्लब शुरू करें जो सक्रिय रूप से सभी को शामिल होने के लिए आमंत्रित करते हैं
- विविध रोल मॉडल के पोस्टर प्रदर्शित करें

- मिश्रित-लिंग AI परियोजना मेलों की मेज़बानी करें
- कोडिंग के समय उपकरणों तक समान पहुंच प्रदान करें
- AI सत्रों में महिला मेंटर्स और अतिथि वक्ताओं को शामिल करें

समानता आपकी कक्षा से शुरू होती है।

इसे स्वयं आज़माएँ!

गतिविधि: "एक भविष्य के AI नेता का साक्षात्कार लें"
विपरीत लिंग के एक सहपाठी को चुनें। उनका साक्षात्कार लें!
प्रश्न:

- आपको AI के बारे में क्या पसंद है?
- आप AI के साथ क्या बनाएंगे?
- आपको कौन प्रेरित करता है?
- आप दूसरों को अपनी यात्रा के बारे में क्या बताना चाहेंगे?

उनकी कहानी को "AI हीरो स्पॉटलाइट" के रूप में लिखें और प्रस्तुत करें।

सोचें और विचार करें

यदि केवल लड़के ही सभी AI बनाते, तो कौन सी समस्याएँ अनदेखी रह जातीं?
यदि केवल लड़कियाँ करतीं, तो कौन से दृष्टिकोण गायब हो सकते थे?
विभिन्न लिंगों और पृष्ठभूमियों के लोगों का एक साथ काम करना क्यों महत्वपूर्ण है?
अपनी राय लिखें और AI क्लब चर्चा के दौरान साझा करें।

करियर कॉर्नर: समावेशी AI करियर

इन करियर में विविध टीमों की उच्च मांग है:

- **AI प्रोडक्ट टेस्टर** – सुनिश्चित करता है कि AI सभी उपयोगकर्ताओं के लिए काम करता है
- **गेम नैरेटिव डिज़ाइनर** – समावेशी पात्रों और कहानियों का निर्माण करता है
- **UX डिज़ाइनर** – सभी लिंगों और आयु समूहों के लिए एप डिज़ाइन करता है
- **AI निष्पक्षता सलाहकार** – जाँच करता है कि AI सभी के साथ समान व्यवहार करता है या नहीं
- **AI मेंटर** – ग्रामीण और शहरी युवाओं को तकनीकी कौशल तक पहुँचने में मदद करता है

आप केवल AI नहीं बनाते—आप इसके साथ एक बेहतर दुनिया बनाते हैं।

इन्फोग्राफिक सुझाव

शीर्षक: "AI सबके लिए है"

बच्चों का एक समूह दिखाएँ:

- लड़के और लड़कियाँ
- विभिन्न त्वचा टोन, कपड़े की शैलियाँ
- ग्रामीण और शहरी पृष्ठभूमि
- एक व्हीलचेयर में, एक टैबलेट पकड़े हुए, एक रोबोट के साथ

केंद्र पाठ: "जब हम सब मिलकर इसे बनाते हैं तो AI सबसे अच्छा काम करता है—एक साथ।"

एप लैब

कैनवा AI या वॉयसफ्लो आज़माएँ और बनाएँ:

- एक पोस्टर जो AI में लड़कियों को प्रोत्साहित करता है
- एक सरल वॉयस बॉट जो आपकी मातृभाषा में AI शब्दों को

समझाता है
अपने स्कूल के AI दिवस के दौरान अपनी कृतियों को प्रस्तुत करें!

क्या आप जानते हैं?

दुनिया की पहली कंप्यूटर प्रोग्रामर एक महिला थीं—एडा लवलेस—1800 के दशक में!
उन्होंने कल्पना की थी कि कंप्यूटर गणित से कहीं अधिक कर सकते हैं—यहां तक कि संगीत और कला भी।
उन्होंने इसे अस्तित्व में आने से पहले ही सपना देखा था। ठीक वैसे ही जैसे आप कर सकते हैं।

सारांश

यहाँ हमने क्या सीखा:

- AI को सभी के द्वारा बनाया जाना चाहिए—लड़कियों, लड़कों और सभी समुदायों द्वारा
- अधिक विविधता = सभी के लिए बेहतर AI टूल
- लड़कियों को चुनौतियों का सामना करना पड़ता है—लेकिन वे नेताओं के रूप में उभर रही हैं
- लड़के समावेशन का समर्थन और उत्थान कर सकते हैं
- समावेशी AI आपके स्कूल, टीम और मानसिकता से शुरू होता है

याद रखें: आपकी आवाज़ मायने रखती है। आपका कोड मायने रखता है। आपकी दृष्टि मायने रखती है।

कोई फ़र्क नहीं पड़ता कि आप कौन हैं, आप AI में शामिल हैं।

अध्याय 12

अपना ख़ुद का AI पथ बनाएँ

अध्ययन योजनाएँ, पाठ्यक्रम, मेंटर और प्रतियोगिताएँ

परिचय

क्या आप AI को गंभीरता से सीखना चाहते हैं और इसे भविष्य के करियर में बदलना चाहते हैं

बहुत अच्छी खबर—आप अभी शुरू कर सकते हैं, चाहे आपकी उम्र या पृष्ठभूमि कुछ भी हो!

यह अध्याय आपका AI सीखने का रोडमैप है। मुफ़्त ऑनलाइन पाठ्यक्रमों से लेकर कोडिंग बूटकैंप तक, स्कूल क्लबों से लेकर वैश्विक प्रतियोगिताओं तक—हम आपको चरण-दर-चरण मार्गदर्शन करेंगे।

आइए आर्टिफिशियल इंटेलिजेंस की दुनिया में अपनी कस्टम यात्रा बनाएँ।

चरण 1: अपने सीखने के स्तर को जानें

ख़ुद से पूछकर शुरू करें:

आयु/ग्रेड	फोकस क्षेत्र
ग्रेड 6–8	AI अवधारणाएँ, तर्क खेल, ब्लॉक कोडिंग
ग्रेड 9–10	पायथन मूल बातें, डेटासेट, शुरुआती AI टूल
ग्रेड 11–12	AI मॉडल, वास्तविक दुनिया की परियोजनाएँ, नैतिकता, करियर योजना

आपको जल्दी करने की आवश्यकता नहीं है। बस लगातार और जिज्ञासु रहें!

चरण 2: सही टूल और प्लेटफॉर्म चुनें

यहां अन्वेषण करने के लिए शुरुआती-अनुकूल प्लेटफॉर्म दिए गए हैं:

शुरुआत के लिए:

- **टीचेबल मशीन** – नो-कोड मॉडल प्रशिक्षण
- **स्क्रैच + एमएल** – मशीन लर्निंग के साथ ब्लॉक कोडिंग
- **कैनवा AI** – AI के साथ रचनात्मक डिज़ाइन

मध्यवर्ती शिक्षार्थियों के लिए:

- **एमआईटी एप इन्वेंटर** – अपने ख़ुद के एंड्रॉइड एप बनाएँ
- **मशीन लर्निंग फॉर किड्स** – टेक्स्ट, छवियों के साथ सरल AI मॉडल को प्रशिक्षित करें
- **Code.org AI लैब** – खेल-आधारित AI प्रयोग

उन्नत किशोरों के लिए:

- **गूगल कोलाब** – पायथन AI कोड लिखें और चलाएँ

- **कागल** – वास्तविक दुनिया के डेटा के साथ AI प्रतियोगिताएँ
- **माइक्रोसॉफ्ट लर्न AI पाथ** – युवाओं के लिए संरचित मॉड्यूल

टिप: ट्रैक पर बने रहने के लिए "प्रति माह 1 प्रोजेक्ट पूरा करें" जैसा लक्ष्य निर्धारित करें।

चरण 3: मिनी प्रोजेक्ट्स के साथ अभ्यास करें

जो आप सीखते हैं उसे लागू करें। प्रयास करें:

- वेबकैम का उपयोग करके **मूड-पहचान**
- मज़ेदार सवालों के जवाब देने वाला एक **चैटबॉट बनाएँ**
- अपनी क्षेत्रीय भाषा में एक **क्विज़ एप बनाएँ**
- एक **AI-जनित कला गैलरी** बनाएँ
- किसानों के लिए एक **फसल स्वास्थ्य भविष्यवक्ता** डिज़ाइन करें

एक पोर्टफोलियो बनाएँ—एक साधारण गूगल ड्राइव या ब्लॉग जो दिखाता है कि आपने क्या बनाया है।

चरण 4: AI पाठ्यक्रमों का अन्वेषण करें – मुफ़्त और सशुल्क

मुफ़्त ऑनलाइन पाठ्यक्रम:

प्लेटफ़ॉर्म	पाठ्यक्रम
सीबीएसई + इंटेल	AI4Youth मॉड्यूल
गूगल AI	AI फॉर एनीवन (भारत-विशिष्ट)

आईबीएम स्किल्सबिल्ड	छात्रों के लिए AI मूल बातें
माइक्रोसॉफ्ट लर्न	AI का परिचय किशोरों के लिए
कौरसेरा (ऑडिट मोड)	AI फॉर एवरीवन – एंड्रयू एनजी

बोनस: इनमें से कई मुफ़्त प्रमाणपत्रों के साथ आते हैं!

सशुल्क (लेकिन किफायती) पाठ्यक्रम:

प्लेटफ़ॉर्म	आयु	लागत
व्हाइटहैट जूनियर	6–18	₹₹₹
यूडेमी	12+	₹₹ (अक्सर बिक्री पर)
कोडिंग निन्जा	14+	₹₹₹
वेदांतु AI सीरीज़	13–18	₹₹

टिप: अपने स्कूल से शीर्ष AI शिक्षार्थियों के लिए एक पाठ्यक्रम प्रायोजित करने के लिए कहें।

चरण 5: एक मेंटर या AI गाइड खोजें

एक मेंटर आपको प्रेरित रहने, समस्याओं को हल करने और बड़े सपने देखने में मदद करता है।

एक कहाँ खोजें:

- स्कूल के शिक्षक
- स्थानीय कोडिंग क्लब के प्रमुख
- कोडवर, गिटहब, टिंकरहब जैसे ऑनलाइन प्लेटफॉर्म
- AI का अध्ययन करने वाले कॉलेज के छात्र

- डिस्कॉर्ड या टेलीग्राम जैसे प्लेटफॉर्म पर युवा समूह

जुड़ें: कागल कम्युनिटी, गर्ल्स हू कोड, या AI4Youth इंडिया जैसे मंचों पर जुड़ें।

चरण 6: AI प्रतियोगिताओं में भाग लें

जब आप बनाते और प्रतिस्पर्धा करते हैं तो AI अधिक मज़ेदार होता है!

भारतीय और वैश्विक चुनौतियाँ:

- **एटीएल मैराथन (सीबीएसई)** – स्कूल AI परियोजनाओं के लिए
- **कोडवर इंटरनेशनल AI चैलेंज**
- **टेक्नोवेशन गर्ल्स**
- **स्मार्ट इंडिया हैकाथॉन (जूनियर श्रेणी)**
- **रोबोकप जूनियर इंडिया**
- **टिंकराप्रेन्योर बाय एआईएम नीति आयोग**

पुरस्कारों में लैपटॉप, छात्रवृत्तियाँ और वास्तविक वैज्ञानिकों द्वारा मेंटरिंग शामिल है!

इसे स्वयं आज़माएँ!

गतिविधि: अपनी AI सीखने की योजना बनाएँ

एक 6 महीने की योजना बनाएँ। इसमें शामिल करें:

- कौन से टूल का अन्वेषण करना है
- कौन सा कोर्स पूरा करना है
- कौन सा प्रोजेक्ट पूरा करना है
- किस प्रतियोगिता में शामिल होना है
- कौन आपको मेंटर कर सकता है

इसे अपनी अध्ययन दीवार या AI क्लब बोर्ड पर पोस्ट करें!

सोचें और विचार करें

यदि आपको सभी AI टूल और मार्गदर्शन तक पहुंच मिलती, तो आप अपने स्कूल, शहर या देश में किस तरह का बदलाव लाना चाहेंगे?
बड़ा सोचें। अब शुरू करने के लिए कुछ कदम लिखें।

स्कूल चेकलिस्ट
– आज ही अपनी AI यात्रा शुरू करें

एक AI क्लब बनाएँ

- मासिक सीखने के सत्र आयोजित करें
- तकनीकी क्षेत्रों से अतिथि वक्ताओं को आमंत्रित करें
- प्रदर्शनियों में छात्र परियोजनाओं को प्रदर्शित करें
- "AI में महिलाएँ" पोस्टर श्रृंखला शुरू करें
- डेमो और गेम के साथ हर साल "AI दिवस" मनाएँ

अपने शिक्षक से इसे आईसीटी/कंप्यूटर अवधि का हिस्सा बनाने के लिए कहें!

एप लैब

कू एप AI अनुवादक टूल आज़माएँ – भारत में AI का उपयोग करके पोस्ट को भाषाओं में बदलने के लिए उपयोग किया जाता है।
अन्वेषण करें कि भाषा AI कैसे काम करता है—और सोचें कि आप इसे स्कूल नोट्स, क्विज़ या यहाँ तक कि गाने के बोल में कैसे लागू कर सकते हैं!

युवा AI उपलब्धि हासिल करने वालों से प्रो टिप्स

"परफेक्ट होने का इंतज़ार मत करो। बस शुरू करो। मेरा पहला AI प्रोजेक्ट तो काम भी नहीं किया, लेकिन मेरे दूसरे ने एक पुरस्कार जीता।"
— मेहक, कक्षा 9, दिल्ली

"मैंने अपनी दादी के लिए एक वॉयस असिस्टेंट बनाने के लिए AI का इस्तेमाल किया जो केवल मराठी बोलती हैं।"
— अथर्व, कक्षा 8, पुणे

"मुझे गणित से डर लगता है, लेकिन मुझे कहानियाँ पसंद हैं—इसलिए मैं एनिमेशन के लिए स्क्रिप्ट लिखने के लिए AI का उपयोग करती हूँ!"
— फातिमा, कक्षा 10, लखनऊ
हर किसी का रास्ता अलग होता है। महत्वपूर्ण बात चलना शुरू करना है।

इन्फोग्राफिक सुझाव

शीर्षक: "आपकी AI सीखने की यात्रा"
एक सीढ़ी या रोडमैप बनाएँ जिसमें दिखाया गया हो:

- छोटे से शुरू करें (स्क्रैच, कैनवा AI)
- टूल सीखें (टीचेबल मशीन, किड्स के लिए एमएल)
- मिनी प्रोजेक्ट बनाएँ
- एक कोर्स में शामिल हों
- एक मेंटर खोजें
- एक प्रतियोगिता में प्रवेश करें
- **बड़ा सपना देखें:** स्टार्टअप, वैज्ञानिक, कहानीकार

प्रगति स्तरों के साथ आइकन और चेकबॉक्स का उपयोग करें।

सारांश

आइए अपने AI भविष्य का मानचित्रण करें:

- आसान टूल से शुरू करें
- मिनी प्रोजेक्ट्स के साथ अभ्यास करें
- मुफ़्त या निर्देशित पाठ्यक्रमों से सीखें

- मेंटर या समुदायों को खोजें
- AI चुनौतियों में भाग लें
- अपनी यात्रा का प्रदर्शन करें!

AI सीखने का कोई एक तरीका नहीं है। सबसे अच्छा रास्ता वह है जो आप बनाते हैं, चरण-दर-चरण—जुनून, धैर्य और उद्देश्य के साथ।

अध्याय 13

भारत का AI मिशन

डिजिटल इंडिया, AI फॉर यूथ और उससे आगे

परिचय

आर्टिफिशियल इंटेलिजेंस सिर्फ एक वैश्विक प्रवृत्ति नहीं है—यह भारत के लिए एक राष्ट्रीय मिशन है।
1.4 बिलियन से अधिक लोगों, 22+ आधिकारिक भाषाओं और तेज़ी से बढ़ती युवा आबादी के साथ, भारत को ऐसे AI की आवश्यकता है जो समावेशी, स्थानीय, नैतिक और शक्तिशाली हो।
इस अध्याय में, हम जानेंगे कि भारत सरकार, स्कूल और युवा कार्यक्रम कैसे AI-संचालित भविष्य का निर्माण कर रहे हैं—और आप इसका हिस्सा कैसे बन सकते हैं!

भारत का AI मिशन क्या है?

भारत का राष्ट्रीय दृष्टिकोण देश को AI में एक वैश्विक नेता बनाना है जो:

- सामाजिक समस्याओं को हल करता है
- आर्थिक विकास को बढ़ावा देता है
- समावेशी डिजिटल विकास का समर्थन करता है
- लाखों युवाओं को AI कौशल में प्रशिक्षित करता है

यह सरकारी रणनीतियों, शिक्षा सुधारों, स्टार्टअप्स और सार्वजनिक-निजी भागीदारी के माध्यम से किया जा रहा है।

नीति आयोग की AI के लिए राष्ट्रीय रणनीति

भारत के थिंक टैंक, नीति आयोग ने एक विस्तृत योजना बनाई जिसका शीर्षक है:
"सभी के लिए AI: #AIFORALL"

मुख्य फोकस क्षेत्र:

- **स्वास्थ्य सेवा** – रोग निदान और किफायती उपचार के लिए AI
- **कृषि** – सटीक खेती और फसल प्रबंधन
- **शिक्षा** – AI-संचालित व्यक्तिगत शिक्षण
- **स्मार्ट सिटी** – यातायात, सुरक्षा और AI का उपयोग करके अपशिष्ट प्रबंधन
- **गतिशीलता और परिवहन** – स्व-ड्राइविंग, सार्वजनिक प्रणालियाँ, भविष्य कहने वाला यातायात

भारत "दुनिया के लिए AI गैराज" बनना चाहता है—एक ऐसी जगह जहाँ किफायती, नैतिक और समावेशी AI का निर्माण किया जाता है।[1]

डिजिटल इंडिया: AI एक्शन में

डिजिटल इंडिया मिशन ने पूरे देश में तकनीकी पहुंच में तेज़ी लाई है। AI का उपयोग इसमें किया जा रहा है:

- आधार सेवाओं के लिए चेहरे का प्रमाणीकरण
- सार्वजनिक सेवाओं के लिए माईगव वॉयस चैटबॉट
- ऑनलाइन भाषा अनुवाद उपकरण (उदाहरण के लिए, भाषिणी)
- किसानों के लिए फसल की भविष्यवाणी और बारिश के अलर्ट
- स्मार्ट शहरों में AI-आधारित ड्रोन सर्वेक्षण

उदाहरण: गंगा जल निगरानी AI उपग्रह और सेंसर डेटा का उपयोग करके प्रदूषण के स्तर को ट्रैक करने में मदद करता है।

AI फॉर यूथ प्रोग्राम (AI4Youth)

इंटेल के सहयोग से शुरू की गई, यह राष्ट्रीय पहल हाई स्कूल के छात्रों को वास्तविक परियोजनाओं के माध्यम से AI सीखने के लिए सशक्त बनाती है।

मुख्य विशेषताएं:

- ग्रेड 12-8 के छात्रों के लिए
- पायथन, टीचेबल मशीन, चैटबॉट, डिज़ाइन थिंकिंग में हैंड्स-ऑन प्रशिक्षण
- स्कूल, जिला और राष्ट्रीय स्तर पर परियोजना प्रदर्शन
- नैतिकता, समस्या-समाधान और सामाजिक भलाई के लिए AI पर ध्यान दें

हज़ारों सीबीएसई छात्रों ने परियोजनाएं बनाई हैं जैसे:

- आपदा चेतावनी प्रणाली
- AI-आधारित ब्रेल कनवर्टर
- ग्रामीण छात्रों के लिए स्मार्ट क्विज़ बॉट

आप अपने स्कूल के एटीएल या आईसीटी विभाग के माध्यम से इसमें शामिल हो सकते हैं।

सीबीएसई का AI पाठ्यक्रम

2019 से, सीबीएसई ने ग्रेड 9-12 के लिए AI को एक वैकल्पिक विषय के रूप में शामिल किया है।

पाठ्यक्रम में शामिल हैं:

- AI, एमएल, डेटा, एल्गोरिदम के मूल सिद्धांत
- स्क्रैच, पायथन, AI प्रोजेक्ट साइकिल जैसे उपकरण
- वास्तविक जीवन के उपयोग के मामले
- नैतिक दिशानिर्देश और डिजिटल ज़िम्मेदारी

बोनस: छात्र अपनी आईसीटी ग्रेड या एटीएल नवाचार चुनौतियों के हिस्से के रूप में AI परियोजनाओं को प्रस्तुत कर सकते हैं।

भारतीय स्टार्टअप में AI

भारत में एक तेज़ी से बढ़ता स्टार्टअप परिदृश्य है—जिसमें विभिन्न क्षेत्रों में 4,500 से अधिक AI स्टार्टअप हैं।

उल्लेखनीय उदाहरण:

- **क्रॉपइन** – स्मार्ट कृषि के लिए AI
- **क्यूरे.एआई** – एक्स-रे और ब्रेन स्कैन पढ़ने के लिए AI
- **स्टैक्यू** – चेहरे के AI का उपयोग करके पुलिस अपराध की

भविष्यवाणी

- **निरामय** – गैर-आक्रामक कैंसर का पता लगाना
- **एंबीब** – AI-संचालित शिक्षा और कोचिंग

इनमें से कई कंपनियाँ किशोरों को इंटर्न या इनोवेशन एंबेसडर के रूप में नियुक्त करती हैं!

इसे स्वयं आज़माएँ!

गतिविधि: "AI फॉर भारत" का एक विचार बनाएँ
अपने क्षेत्र में एक स्थानीय समस्या के बारे में सोचें: यातायात, स्कूल छोड़ने वाले, पानी की बर्बादी, आदि।

अब उत्तर दें:

- समस्या क्या है?
- AI इसे हल करने में कैसे मदद कर सकता है?
- किसे लाभ होगा?
- आप इसे अपने समुदाय में कैसे परीक्षण कर सकते हैं?

उदाहरण: एक व्हाट्सएप AI बॉट जो किसानों को हिंदी में सरकारी योजनाओं के बारे में बताता है।

सोचें और विचार करें

भारत में 200 से अधिक भाषाएँ और कई संस्कृतियाँ हैं। क्या AI टूल को हमेशा क्षेत्रीय भाषाओं का समर्थन करना चाहिए?
AI टूल बनाना क्यों महत्वपूर्ण है जो सभी के लिए काम करते हैं, न कि केवल अंग्रेजी बोलने वालों या शहरी उपयोगकर्ताओं के लिए?
अपने विचार लिखें।

AI का समर्थन करने वाले प्रमुख सरकारी कार्यक्रम

कार्यक्रम यह क्या करता है

अटल टिंकरिंग लैब्स (ATL)	**10,000+ स्कूलों में इनोवेशन लैब**
ग्रामीण डिजिटल साक्षरता मिशन	गाँवों में AI जागरूकता लाता है
ज़िम्मेदार AI दिशानिर्देश (MeitY)	निष्पक्षता, गोपनीयता, नैतिकता को बढ़ावा देता है
स्कूल पाठ्यक्रम में AI	भविष्य की तैयारी को बढ़ावा देता है
इंडियाएआई पोर्टल	AI नीतियों, उपकरणों और अपडेट के लिए वन-स्टॉप हब

अपडेट और प्रतियोगिताओं के लिए indiaai.gov.in पर जाएँ!

युवा कहानियाँ जो प्रेरित करती हैं

कृति, कक्षा 10 – हरियाणा
एक AI बॉट बनाया जो छात्रों को हरियाणवी में गणित सीखने में मदद करता है।

अर्जुन, कक्षा 9 – तमिलनाडु
अपने शहर में कचरे के स्तर का पता लगाने के लिए एक ड्रोन + AI प्रणाली डिज़ाइन की।

रितु, कक्षा 12 – झारखंड
गाँव में ड्रॉपआउट दरों की भविष्यवाणी करने के लिए AI का उपयोग किया और स्थानीय अधिकारियों को अपना मॉडल प्रस्तुत किया।
उन्होंने स्कूल के विचारों से शुरुआत की। अब वे चेंजमेकर्स हैं।

एप लैब

भाषिणी AI अनुवादक (भारत की भाषा AI परियोजना) आज़माएँ।
अंग्रेजी में एक वाक्य टाइप करें और इसे 10+ भारतीय भाषाओं में अनुवाद करें।
क्या आप अपना ख़ुद का बहुभाषी क्विज़ एप या स्वास्थ्य सुझाव बॉट बनाने की कल्पना कर सकते हैं?

करियर कॉर्नर: भारत की ज़रूरतों के अनुरूप AI भूमिकाएँ

भारत के AI भविष्य को ऐसे पेशेवरों की आवश्यकता है:

- कृषि-AI टेक्नोलॉजिस्ट
- स्वास्थ्य AI विश्लेषक (ग्रामीण आउटरीच)
- वॉयस AI डेवलपर (भारतीय भाषाओं के लिए)
- एडटेक इनोवेटर
- सार्वजनिक नीति AI सलाहकार
- सोशल मीडिया AI रणनीतिकार (चुनाव, जागरूकता के लिए)

भारत में AI केवल तकनीक के बारे में नहीं है—यह प्रभाव, पहुंच और समावेशन के बारे में है।

इन्फोग्राफिक सुझाव

शीर्षक: "भारत की AI क्रांति – लोगों के लिए, लोगों द्वारा"
शामिल करें:

- नीति आयोग के 5 प्रमुख क्षेत्र
- डिजिटल इंडिया, सीबीएसई AI, AI4Youth के लोगो

- 3 छात्र सफलता की कहानियाँ (छोटे चित्रों के साथ)
- टाइमलाइन: 2019 – AI पाठ्यक्रम 2020 – AI4Youth 2023 – इंडियाएआई शिखर सम्मेलन

तिरंगा थीम और छात्र, किसान, शिक्षक और कोडर जैसे आइकन का उपयोग करें।

सारांश

आइए भारत की AI यात्रा को अब तक समाप्त करें:

- राष्ट्रीय रणनीति: सभी के लिए AI, केवल कुछ के लिए नहीं
- शिक्षा: सीबीएसई, एटीएल, AI4Youth कार्यक्रम
- छात्र वास्तविक समाधान बना रहे हैं
- स्टार्टअप भारत-विशिष्ट चुनौतियों को हल कर रहे हैं
- करियर पथ AI + प्रभाव-प्रेरित युवाओं के लिए

भारत का AI मिशन दुनिया के साथ तालमेल बिठाने के बारे में नहीं है—यह ऐसे तरीके से नेतृत्व करने के बारे में है जिसमें हर कोई शामिल हो।

AI का भविष्य भारतीय है। और इसमें आप भी शामिल हैं।

अध्याय 14

AI दुनिया में क्या करें और क्या न करें

स्मार्ट रहें, सुरक्षित रहें, दयालु रहें

परिचय

AI अद्भुत है। लेकिन इंटरनेट की तरह, हमें इसका बुद्धिमानी से उपयोग करने की आवश्यकता है।

AI को एक साइकिल की तरह समझें। यह आपको बहुत दूर ले जा सकता है—लेकिन तभी जब आप इसे सुरक्षित रूप से चलाएं और यातायात नियमों का पालन करें। AI के साथ भी ऐसा ही है। चाहे आप इसका उपयोग कर रहे हों या इसे बना रहे हों, आपको ज़िम्मेदारी के एक कोड का पालन करना होगा।

इस अध्याय में, हम सर्वोत्तम अभ्यास, सामान्य ग़लतियाँ और AI दुनिया में एक स्मार्ट, सुरक्षित और दयालु डिजिटल नागरिक कैसे बनें, सीखेंगे।

AI उपयोगकर्ता का कोड: गोल्डन डूज़ (क्या करें)

यहां शीर्ष चीज़ें हैं जो आपको AI का उपयोग या निर्माण करते समय करनी चाहिए:

1. मूल बातें समझें

जानें कि AI क्या है, यह कैसे काम करता है, और इसका उपयोग कहाँ किया जाता है। यह आपको इसका बेहतर उपयोग करने में मदद करता है और मिथकों में नहीं फंसता।

2. स्रोत की जाँच करें

हमेशा पूछें:

- यह AI टूल या एप किसने बनाया?
- क्या यह उपयोग करने के लिए सुरक्षित है?
- क्या यह वास्तविक है या नकली?

केवल विश्वसनीय स्रोतों से डाउनलोड करें।

3. गोपनीयता का सम्मान करें

केवल अपना साझा करें:

- नाम
- तस्वीरें
- आवाज़
- स्थान

उन प्लेटफॉर्म पर जो आपको स्पष्ट रूप से बताते हैं कि आपके डेटा का उपयोग कैसे किया जाता है।

टिप: यदि आवश्यक न हो तो माइक्रोफ़ोन या कैमरा एक्सेस बंद कर दें।

4. साझा करने से पहले सोचें
यदि AI-जनित संदेश, वीडियो या फोटो अजीब या बहुत आश्चर्यजनक लगता है—रुकें।
पूछें:
क्या यह सच है?
क्या यह मददगार है?
क्या यह दयालु है?
यदि नहीं—साझा न करें।

AI उपयोगकर्ता के रेड फ्लैग्स: डोन्ट्स (क्या न करें)

इन जोखिम भरे व्यवहारों से बचें:
1. AI का उपयोग धोखा देने के लिए न करें
चाहे वह आपका होमवर्क लिखना हो या क्विज़ के जवाब देना हो, धोखा देने के लिए AI का उपयोग करना आपकी अपनी सीखने की क्षमता को नुकसान पहुँचाता है।
इसके बजाय, इसका उपयोग अवधारणाओं को समझने, अभ्यास करने या संकेत प्राप्त करने के लिए करें।

2. AI को इंसान होने का दिखावा न करें
स्पष्ट करें कि कुछ AI-निर्मित है। लोगों को यह कहकर मूर्ख बनाने की कोशिश न करें:

- "यह कविता मैंने लिखी है" (जब AI ने की हो)
- "यह एक असली तस्वीर है" (जब यह एक डीपफेक हो)

ईमानदारी मायने रखती है।

3. AI का उपयोग धमकाने या शरारत करने के लिए न करें

नकली संदेश, चित्र, या आवाज़ की नकल किसी को गंभीर रूप से चोट पहुँचा सकती है।

यह मज़ेदार नहीं है—यह खतरनाक है। इससे कानूनी परेशानी भी हो सकती है।

AI का उपयोग कभी न करें:

- किसी का मज़ाक उड़ाना
- गुमनाम धमकी भेजना
- नकली वीडियो या आवाज़ बनाना

4. AI का अत्यधिक उपयोग न करें

यदि आप AI को सब कुछ करने देते हैं—सोचना, लिखना, जवाब देना—तो आप बढ़ना बंद कर देते हैं।

इसे एक सहायक के रूप में उपयोग करें, न कि अपने मस्तिष्क के प्रतिस्थापन के रूप में।

त्वरित तुलना: स्मार्ट AI उपयोगकर्ता बनाम जोखिम भरा AI उपयोगकर्ता

व्यवहार	स्मार्ट AI उपयोगकर्ता	जोखिम भरा AI उपयोगकर्ता
स्कूल के काम के लिए AI का उपयोग करता है	अभ्यास करने और अन्वेषण करने के लिए	जवाब कॉपी करने के लिए
सामग्री साझा करता है	केवल सत्यापित करने के बाद	कुछ भी फॉरवर्ड करता है
सामग्री बनाता है	ईमानदारी के साथ	AI काम को अपना बताता है

सुरक्षा के बारे में सोचता है	विश्वसनीय उपकरणों का उपयोग करता है	डेटा स्वतंत्र रूप से देता है
संवाद करता है	दयालुता से, नैतिक रूप से	आवाज़ें या चित्र नकली करता है

इसे स्वयं आज़माएँ!

गतिविधि: एक AI सुरक्षा पोस्टर बनाएँ
एक कक्षा पोस्टर डिज़ाइन करें जिसका शीर्षक हो:
"AI शक्तिशाली है—इसका बुद्धिमानी से उपयोग करें!"

शामिल करें:

- 3 क्या करें
- 3 क्या न करें
- गोपनीयता की सुरक्षा के लिए 1 टिप
- अच्छे AI उपयोग का 1 उदाहरण

इमोजी, आइकन, या उद्धरण जोड़ें जैसे "सिर्फ इसलिए कि AI इसे कर सकता है, इसका मतलब यह नहीं है कि मुझे करना चाहिए।"

सोचें और विचार करें

यदि कोई दोस्त ऑनलाइन टेस्ट में धोखा देने के लिए AI का उपयोग करता है, तो आपको क्या करना चाहिए?

क्या आप इसे अनदेखा करेंगे? रिपोर्ट करेंगे? उनसे बात करेंगे? क्यों? अपनी प्रतिक्रिया को एक छोटी जर्नल एंट्री के रूप में लिखें जिसका शीर्षक हो: "AI युग में सही काम करना।"

कानून और नियम जो आपको जानने चाहिए

भारत AI को सुरक्षित बनाने के लिए कानूनों पर काम कर रहा है।

मुख्य दिशानिर्देश:

- **सहमति महत्वपूर्ण है**—एप्स को आपको बताना होगा कि वे क्या एकत्र करते हैं
- **आयु-उपयुक्त उपकरण**—कुछ AI प्लेटफॉर्म केवल +13 के लिए हैं
- **हानिकारक उपयोग** = दंड—नकली वॉयस वीडियो पर पुलिस कार्रवाई हो सकती है
- **स्कूल की नीतियां**—AI के साथ धोखा देने पर कम ग्रेड मिल सकते हैं

हमेशा गोपनीयता नीतियों और उपयोग की शर्तों को पढ़ें (भले ही उबाऊ हों!)।

वास्तविक जीवन की ग़लतियाँ जिनसे सीखना है

डीपफेक परेशानी

एक छात्र ने एक AI टूल का उपयोग करके एक शिक्षक की आवाज़ को नकली बनाया और उसे ऑनलाइन पोस्ट कर दिया। यह वायरल हो गया। परिणाम? निलंबन, माफी पत्र, और डिजिटल प्रशिक्षण पाठ्यक्रम।

AI इमेज़ घोटाला

किसी ने AI-जनित बाढ़ की छवियाँ साझा कीं और दावा किया कि वे वास्तविक थीं। लोग घबरा गए।
स्रोत का बाद में खुलासा किया गया—और ब्लॉक कर दिया गया।
सबक: AI का उपयोग सच्चाई और सावधानी से करें।

आपकी AI ज़िम्मेदारी प्रतिज्ञा

अपनी ख़ुद की AI प्रतिज्ञा करें:
"मैं AI टूल का सुरक्षित, निष्पक्ष और ईमानदारी से उपयोग करने का वादा करता हूँ।
मैं उन्हें कभी भी नुकसान पहुँचाने, धोखा देने या धोखा देने के लिए उपयोग नहीं करूँगा।
मैं अपने डेटा की सुरक्षा करूँगा और दूसरों का ऑनलाइन सम्मान करूँगा।"
इस पर हस्ताक्षर करें। इसे साझा करें। इसे जिएँ।

एप लैब

बी इंटरनेट ऑसम (गूगल द्वारा) आज़माएँ
यह सिखाता है:

- ऑनलाइन सुरक्षा
- घोटालों का पता लगाना
- ज़िम्मेदारी से साझा करना
- AI-जनित सामग्री जागरूकता

सुरक्षित विकल्प का अभ्यास करने के लिए "रियलिटी रिवर" जैसे गेम खेलें।

छात्र नेताओं से टिप्स

"मैं AI का उपयोग मनोरंजन के लिए करता हूँ लेकिन कभी झूठ बोलने के लिए नहीं। ईमानदारी धोखा देने से ज़्यादा कूल है।"
— राघव, कक्षा 8

"मैंने अपने प्रोजेक्ट में 'AI ने मुझे यह लिखने में मदद की' लिखकर एक नोट

जोड़ा।"
— मेहक, कक्षा 9

"जब मेरे दोस्त ने हमारे शिक्षक का AI चुटकुला वीडियो बनाया, तो मैंने उसे हटाने के लिए कहा। सब कुछ मज़ेदार नहीं होता।"
— जोया, कक्षा 10

इन्फोग्राफिक सुझाव

शीर्षक: "AI शिष्टाचार – स्मार्ट रहें, सुरक्षित रहें, दयालु रहें"

आइकन के साथ 3 खंडों में विभाजित करें:

- **स्मार्ट रहें** – सीखें, प्रश्न करें, बढ़ें
- **सुरक्षित रहें** – स्रोत जाँचें, डेटा सुरक्षित करें
- **दयालु रहें** – सम्मान करें, AI का दुरुपयोग न करें

अनुस्मारक जोड़ें जैसे:

- "साझा करने से पहले सोचें"
- "किसी की फोटो अपलोड करने से पहले पूछें"
- "कहें कि यह AI-निर्मित है यदि यह है"

सारांश

आइए स्मार्ट AI व्यवहार के मूल सिद्धांतों को जानें:

- AI का उपयोग सीखने और बढ़ने के लिए करें
- AI से धोखा न दें, छल न करें या नुकसान न पहुँचाएँ
- फॉरवर्ड या पोस्ट करने से पहले तथ्यों की जाँच करें
- व्यक्तिगत डेटा को अधिक साझा न करें

- AI ने आपकी किसमें मदद की है, इसके बारे में ईमानदार रहें
- AI को अपनी सोच या मूल्यों को बदलने न दें

इस तेज़ी से बदलती डिजिटल दुनिया में, आपका व्यवहार बॉट के व्यवहार से ज़्यादा मायने रखता है।

तो दयालु, जिज्ञासु और सावधान AI उपयोगकर्ता बनें जिसकी दुनिया को जरूरत है।

अध्याय 15

अंतिम क्विज़ और चुनौती अनुभाग

क्या आप AI को पहचान सकते हैं?

परिचय

बधाई हो!
आपने सीखा है कि AI क्या है, यह कैसे काम करता है, इसका उपयोग कहाँ किया जाता है, इसके साथ कैसे निर्माण किया जाता है, और इसका सुरक्षित और नैतिक रूप से उपयोग कैसे किया जाता है। लेकिन क्या आप अपने AI ज्ञान और जासूसी कौशल का परीक्षण करने के लिए तैयार हैं?

यह अंतिम अध्याय आपका चुनौती क्षेत्र है—क्विज़, गेम, प्रतिबिंब कार्य, और वास्तविक जीवन के स्पॉटिंग अभ्यासों का मिश्रण यह देखने के लिए कि

आपने कितना समझा है।
आइए देखें कि क्या आप वास्तव में एक AI एक्सप्लोरर की तरह सोच सकते हैं!

अनुभाग 1: बिग AI क्विज़

सही उत्तर चुनें (MCQs):

1. आर्टिफिशियल इंटेलिजेंस क्या है?
a) केवल रोबोट
b) भावनाएँ महसूस करने वाली मशीन
c) तकनीक जो मानवीय सोच की नकल करती है
d) एक नया खिलौना
उत्तर: c

2. कौन सा उपकरण आपको बिना कोड के AI को प्रशिक्षित करने में मदद करता है?
a) माइक्रोसॉफ्ट पेंट
b) टीचेबल मशीन
c) पावरपॉइंट
d) व्हाट्सएप
उत्तर: b

3. AI के दुरुपयोग का एक सामान्य ख़तरा क्या है?
a) खेलों को तेज़ करना
b) स्वचालित वर्तनी सुधार
c) डीपफेक और नकली सामग्री
d) बेहतर खोज परिणाम
उत्तर: c

4. AI सीखता है...
a) भावनाओं का उपयोग करके
b) जादू का उपयोग करके
c) डेटा और पैटर्न का उपयोग करके
d) कॉपी-पेस्ट का उपयोग करके
उत्तर: c

5. दुनिया का पहला कंप्यूटर प्रोग्रामर कौन था?
a) स्टीव जॉब्स
b) सुंदर पिचाई
c) एडा लवलेस
d) रानी लक्ष्मीबाई
उत्तर: c

अनुभाग 2: AI को पहचानें

प्रत्येक स्थिति को पढ़ें। तय करें: क्या यह AI है या AI नहीं है?

1. आपका फोन आपके चेहरे को स्कैन करके अनलॉक होता है।
AI

2. एक कैलकुलेटर 453 × 62 को हल करता है।
AI नहीं (यह सीखता नहीं है)

3. YouTube आपको पसंद आने वाले वीडियो की सिफारिश करता है।
AI

4. एक लाइट स्विच मैन्युअल रूप से चालू होता है।
AI नहीं

5. Google Translate "नमस्ते" को "Hello" में बदलता है।
AI

अनुभाग 3: वास्तविक बनाम AI-निर्मित

क्या आप बता सकते हैं कि निम्नलिखित में से कौन सा मनुष्यों द्वारा और कौन सा AI द्वारा बनाया गया था?
एक व्यक्ति की छह उंगलियों वाली, चमकती आँखों वाली और पिघली हुई पृष्ठभूमि वाली छवि।
संभवतः AI-जनित (दृश्य गड़बड़ियों पर ध्यान दें)
एक रोबोट के बारे में कविता जो "मैं वास्तविक नहीं हूँ, लेकिन मैं कोड में सपने देखता हूँ" के साथ समाप्त होती है।
AI-लिखित हो सकती है (पैटर्न और स्वर की जाँच करें)
परफेक्ट बीट मिलान वाला गाना, लेकिन कोई भावनात्मक उतार-चढ़ाव नहीं।
संभवतः AI-जनित संगीत
टिप: AI अक्सर संरचना को सही करता है लेकिन भावना को ग़लत करता है।

अनुभाग 4: अपना ख़ुद का मिनी AI चुनौती बनाएँ

आपका कार्य:
निम्नलिखित सुरागों के आधार पर एक मिनी प्रोजेक्ट विचार बनाएँ:

- **समस्या: छात्र होमवर्क की समय सीमा भूल जाते हैं**

- **टूल: चैटबॉट या वॉयस असिस्टेंट**
- **डेटा: कैलेंडर + अनुस्मारक इनपुट**
- **विशेषता: विषय के आधार पर अलर्ट भेजता है**

अब अपने AI का नाम, सुविधाएँ और छात्र इसका उपयोग कैसे करेंगे, इसका स्केच या वर्णन करें।
एक दोस्त या शिक्षक के साथ साझा करें!

अनुभाग 5: गंभीर सोच

प्रश्न 1:
क्या AI के हर निर्णय के पीछे हमेशा एक इंसान होना चाहिए (जैसे भर्ती, परीक्षा, गिरफ्तारी)? क्यों या क्यों नहीं?
4-5 वाक्य लिखें।
निष्पक्षता, जवाबदेही और भावनाओं के बारे में बिंदु शामिल करें।

प्रश्न 2:
एक सहपाठी एक AI बॉट बनाता है जो मज़ेदार, लेकिन नकली, स्कूल गपशप फैलाता है। आप क्या करेंगे?
अपनी प्रतिक्रिया के साथ एक छोटा पैराग्राफ लिखें और बताएं कि यह सुरक्षा और सच्चाई को कैसे प्रभावित करता है।

अनुभाग 6: आपके AI प्रमाणपत्र लक्ष्य

आपने यह पुस्तक पहले ही पूरी कर ली है! अब एक वास्तविक योजना बनाएँ:

मैं चाहता हूँ:

- अपने स्कूल के AI क्लब में शामिल हों
- एक शुरुआती कोडिंग कोर्स करें
- 3 महीने में एक AI प्रोजेक्ट बनाएँ
- इस साल एक AI प्रतियोगिता में शामिल हों
- स्कूल असेंबली में एक AI विचार साझा करें

जवाबदेह बने रहने के लिए अपने लक्ष्य को एक मेंटर या सहपाठी के साथ साझा करें!

बोनस गतिविधि: स्कूल में "AI जासूस दिवस"
एक कक्षा चुनौती आयोजित करें जहाँ हर कोई:

- घर पर पाए गए AI का 1 उदाहरण लाए
- 1 मज़ेदार AI टूल या एप प्रस्तुत करे
- "सर्वश्रेष्ठ AI फॉर गुड" परियोजना विचार पर वोट करे
- एक दीवार बोर्ड सजाए: "AI हमारे जीवन में कैसे मदद करता है"

बैज को प्रोत्साहित करें जैसे:

- "सबसे रचनात्मक AI विचार"
- "सबसे दयालु AI प्रोजेक्ट"
- "AI में सर्वश्रेष्ठ टीम वर्क"

एप लैब

"दिस पर्सन डज नॉट एक्ज़िस्ट" साइट आज़माएँ। यह AI द्वारा बनाए गए चेहरे दिखाता है जो वास्तविक दिखते हैं—लेकिन नहीं हैं!

क्या आप कर सकते हैं:

• AI गड़बड़ियों के संकेतों को पहचानें (जैसे अतिरिक्त दांत, असमान कान)?

• सोचें कि ऐसे टूल का दुरुपयोग कैसे किया जा सकता है या नैतिक रूप से उपयोग किया जा सकता है?

इन्फोग्राफिक सुझाव

शीर्षक: "AI चैलेंज ट्रैकर – मैंने क्या सीखा है?"

एक ग्रिड बनाएँ:

- AI टूल जिनका मैंने उपयोग किया
- प्रोजेक्ट जो मैंने बनाए
- क्विज़ जो मैंने लिए
- लोग जिन्हें मैंने AI के बारे में सिखाया
- कौशल जो मैंने प्राप्त किए

इसे अपनी वृद्धि को दर्शाने के लिए एक व्यक्तिगत ट्रैकर के रूप में सजाएँ।

सारांश

आइए अपनी AI यात्रा की समीक्षा करें:

- आपने AI के 5Ws सीखे
- अन्वेषण किया कि AI डेटा और सीखने के साथ कैसे काम करता है
- वास्तविक जीवन और बड़े उद्योगों में इसके उपयोग की खोज की
- शुरुआती परियोजनाएँ बनाईं
- नैतिकता, सुरक्षा और समावेशन पर चर्चा की

- रोल मॉडल, भविष्य की नौकरियों और भारत के AI दृष्टिकोण से मिले
- एक सच्चे AI एक्सप्लोरर की तरह अंतिम क्विज़ लिया!

ख़ुद को एक ताली दें—आप अब सिर्फ एक AI उपयोगकर्ता नहीं हैं। आप अब एक AI नागरिक, निर्माता और विचारक हैं।

विदा विचार

«केवल AI का उपयोग न करें। इसे आकार दें।
केवल AI का पालन न करें। इसे नेतृत्व करें।
भविष्य को आपके दिल, आपके दिमाग़ और आपके विचारों की आवश्यकता है।»
आगे बढ़ो—रचना करो, प्रश्न करो, अन्वेषण करो, और AI के साथ सपना देखो।
क्योंकि दुनिया आपके प्रतिभा का इंतज़ार कर रही है।

मुख्य AI शर्तों की शब्दावली

शब्द	सरल परिभाषा
AI (आर्टिफिशियल इंटेलिजेंस)	तकनीक जो मशीनों को मनुष्यों की तरह सोचने और कार्य करने में मदद करती है।
एल्गोरिथम	नियमों या चरणों का एक सेट जिसका कंप्यूटर समस्याओं को हल करने के लिए पालन करता है।
डेटा	जानकारी (संख्याएं, छवियां, शब्द) जिसका AI सीखने के लिए उपयोग करता है।
मशीन लर्निंग (ML)	मशीनों के लिए डेटा से सीखने और समय के साथ सुधार करने का एक तरीका।
न्यूरल नेटवर्क	मानव मस्तिष्क से प्रेरित एक प्रणाली जो कंप्यूटर को पैटर्न पहचानने में मदद करती है।

डीप लर्निंग	मशीन लर्निंग का एक प्रकार जो कठिन समस्याओं को हल करने के लिए जटिल न्यूरल नेटवर्क का उपयोग करता है।
चैटबॉट	एक कंप्यूटर प्रोग्राम जो मनुष्यों से बात करता है, आमतौर पर ऑनलाइन।
फेशियल रिकग्निशन	एक उपकरण जो AI को चेहरों को पहचानने और पहचानने में मदद करता है।
नेचुरल लैंग्वेज प्रोसेसिंग (NLP)	तकनीक जो मशीनों को मानवीय भाषा को समझने में मदद करती है।
सुपरवाइज्ड लर्निंग	जब AI लेबल वाले उदाहरणों से सीखता है (उदाहरण के लिए, «बिल्ली» टैग की गई तस्वीरें)।
अनसुपरवाइज्ड लर्निंग	जब AI लेबल के बिना डेटा को देखता है और पैटर्न पाता है।
बायस	जब AI ख़राब या सीमित प्रशिक्षण डेटा के कारण अनुचित परिणाम देता है।
टीचेबल मशीन	गूगल का एक शुरुआती-अनुकूल AI टूल बिना कोडिंग के एक मॉडल को प्रशिक्षित करने के लिए।
DALL•E	एक AI टूल जो टेक्स्ट विवरण से छवियां बनाता है।
डीपफेक	AI का उपयोग करके बनाए गए नकली वीडियो या तस्वीरें जो बहुत वास्तविक दिखती हैं।

डिजिटल रिस्पांसिबिलिटी	प्रौद्योगिकी का सुरक्षित, दयालु और बुद्धिमानी से उपयोग करना।
AI फॉर गुड	परियोजनाएँ जहाँ AI लोगों, पर्यावरण या समाज की मदद करता है।
डेटा प्राइवेसी	ऑनलाइन अपनी व्यक्तिगत जानकारी की सुरक्षा करना।
इंडिया स्टैक	भारतीय सरकार द्वारा डिजिटल उपकरणों का एक सेट जो आधार और UPI जैसी डिजिटल सेवाओं का समर्थन करता है।
एथिकल AI	AI जो निष्पक्ष, पारदर्शी और अच्छे उद्देश्यों के लिए उपयोग किया जाता है।
प्रॉम्प्ट	AI को प्रतिक्रिया प्राप्त करने के लिए दिया गया एक संदेश या निर्देश।

पुस्तक सारांश

पुस्तक का उद्देश्य:

प्रीटीन्स और किशोरों के लिए आर्टिफिशियल इंटेलिजेंस (AI) को एक शुरुआती-अनुकूल, NEP -2020संरेखित प्रारूप में समझाना। यह न केवल सिखाता है कि AI क्या है बल्कि यह भी सिखाता है कि इसे रोज़मर्रा की जिंदगी में ज़िम्मेदारी से कैसे उपयोग करें, निर्माण करें और इसके बारे में सोचें।

अध्याय-वार स्नैपशॉट:

- AI क्या है?

रिश्तेदार उदाहरणों और मज़ेदार तथ्यों के साथ आर्टिफिशियल इंटेलिजेंस के 5Ws—क्या, क्यों, कब, कहाँ, कौन—का परिचय देता है।

- AI कैसे काम करता है?

«पालतू जानवर को पढ़ाना» और «रोबोट मस्तिष्क को प्रशिक्षित करना» जैसी मज़ेदार उपमाओं का उपयोग करके डेटा, एल्गोरिदम और मशीन लर्निंग की व्याख्या करता है।

- दैनिक जीवन में AI

दिखाता है कि AI पहले से ही फोन, यूट्यूब, एलेक्सा, ऑटोकरेक्ट, जीपीएस, शॉपिंग एप और वीडियो गेम में कैसे मौजूद है।

- उद्योगों में AI के अनुप्रयोग

स्वास्थ्य सेवा, कृषि, शिक्षा, बैंकिंग, पर्यावरण, परिवहन और रचनात्मक कलाओं में AI का उपयोग कैसे किया जाता है, इसकी खोज करता है।

- AI सीखना कैसे शुरू करें (भले ही आप किशोर हों)

छात्रों को अपनी AI यात्रा शुरू करने में मदद करने के लिए स्क्रैच, टीचेबल मशीन, एमआईटी एप इन्वेंटर और पायथन जैसे उपकरण

और प्लेटफॉर्म प्रदान करता है।

- AI बनाम मानव बुद्धिमत्ता – मिथक और सत्य

इस विचार को खारिज करता है कि AI «कब्ज़ा कर लेगा», और बताता है कि मानवीय रचनात्मकता और भावनाएं अद्वितीय कैसे हैं।

- नैतिकता, सुरक्षा और डिजिटल ज़िम्मेदारी

साइबरबुलिंग, डीपफेक, पूर्वाग्रह और गोपनीयता चिंताओं को ऑनलाइन सुरक्षित और दयालु होने के व्यावहारिक तरीकों के साथ कवर करता है।

- भलाई के लिए AI – वास्तविक समस्याओं को हल करना

प्रेरणादायक कहानियाँ साझा करता है जहाँ AI लोगों की मदद करता है—बाढ़ की भविष्यवाणी करना, नदियों की सफाई करना, अंधों की मदद करना, फसल की बर्बादी को कम करना, और भी बहुत कुछ।

- कूल प्रोजेक्ट्स जिन्हें आप आज़मा सकते हैं

शुरुआती लोगों के लिए सरल चरणों के साथ AI चैटबॉट, इमेज़ क्लासिफायर, वॉयस बॉट और AI कला बनाने के लिए हैंड्स-ऑन विचार सूचीबद्ध करता है।

- AI और काम का भविष्य

चिकित्सा, कानून, डिज़ाइन, नैतिकता, व्यवसाय और कोडिंग में नौकरियों के AI के साथ कैसे विकसित हो रहे हैं, इसकी खोज करता है।

- AI में लड़कियाँ और लड़के – आइए सब शामिल हों!

युवा AI इनोवेटर्स का जश्न मनाता है और सभी को—लिंग की परवाह किए बिना—टेक और विज्ञान करियर का पता लगाने के लिए प्रोत्साहित करता है।

- अपनी ख़ुद की AI पथ बनाएँ – एक रोडमैप

AI का अध्ययन करने, प्रतियोगिताओं में शामिल होने, मुफ़्त पाठ्यक्रम खोजने और मेंटर्स से जुड़ने के लिए चरण-दर-चरण मार्गदर्शन प्रदान करता है।

• भारत का AI मिशन – डिजिटल इंडिया, AI फॉर यूथ और उससे आगे

भारत की साहसिक पहल जैसे AI फॉर यूथ, नीति आयोग की राष्ट्रीय AI रणनीति, और छात्र भारत के डिजिटल भविष्य के लिए कैसे केंद्रीय हैं, इसे कवर करता है।

• AI दुनिया में क्या करें और क्या न करें

AI टूल का उपयोग या निर्माण करते समय ज़िम्मेदार व्यवहार के लिए एक स्मार्ट चेकलिस्ट प्रदान करता है—सच्चाई, सुरक्षा और दयालुता पर ध्यान केंद्रित करता है।

• अंतिम क्विज़ और चुनौती अनुभाग

क्विज़, गतिविधियों और स्पॉटिंग चुनौतियों के माध्यम से पूरी पुस्तक को दोहराता है। शिक्षार्थियों को अपने स्वयं के AI लक्ष्यों और परियोजनाओं को बनाने के लिए प्रोत्साहित करता है।

अंतिम संदेश:

AI सिर्फ भविष्य के लिए एक उपकरण नहीं है—यह आज की दुनिया की एक भाषा है।

यह पुस्तक हर युवा शिक्षार्थी को आर्टिफिशियल इंटेलिजेंस के युग में सिर्फ उपयोगकर्ता नहीं, बल्कि निर्माता, विचारक और नेता बनने के लिए सशक्त बनाती है।

आगे बढ़ो—दिल, नैतिकता और कल्पना के साथ भविष्य का निर्माण करो।

www.ingramcontent.com/pod-product-compliance
Lightning Source LLC
LaVergne TN
LVHW100547051026
849519LV00003B/863
* 9 7 8 9 3 7 1 2 2 6 9 3 6 *